J'AI PAS PLEURÉ

Ida Grinspan
Bertrand Poirot-Delpech
de l'Académie française

J'AI PAS PLEURÉ

ROBERT LAFFONT

Loi n° 49 956 du 16 juillet 1949 sur les publications destinées à la jeunesse : octobre 2003.

Ouvrage édité par Dominique Missika

ISBN 978-2-266-22286-0

À mes parents
assassinés à Auschwitz
À ma fille Sophie

Ida

« Le secret de l'espérance,
c'est le secret de la fraternité. »

Geneviève DE GAULLE-ANTHONIOZ

Préface de l'éditeur

Quatorze ans, encore une enfant, déjà une adolescente. Ida se cache au fond du Poitou. La guerre n'est pas encore finie en ce début d'année 1944 mais les nouvelles sont bonnes. Ida peut espérer passer à travers les mailles du filet.

Survient l'arrestation par la gendarmerie française, brutale, injuste. Auschwitz, deux hivers interminables. La lutte pour la survie, des lueurs d'espoir au milieu de l'enfer.

Impossible de dire avec des mots l'indicible. *J'ai pas pleuré*, au-delà d'un récit, pose toujours la même question : comment des êtres humains, soldats allemands, policiers français, ont-ils pu se rendre complices, par peur ou par aveuglement, de la machine à tuer qu'était devenu le régime nazi ?

Comment y survivre, comment avoir la force de témoigner, comment lutter contre l'oubli pour que soit remplie la « mission sacrée » confiée à Ida par ses compagnes sur le chemin de la mort :

« Si vous rentrez, il faudra leur dire. Ils ne vous croiront pas, mais il faudra leur dire. »

Avant-propos

Nous nous sommes connus en mars 1988, à Auschwitz. C'était la première fois qu'Ida retournait au camp depuis sa libération, en 1945. Elle s'imposait cette épreuve pour témoigner devant des lycéens de la région parisienne. Bertrand s'était joint au voyage, qu'il allait raconter dans *Le Monde*.

Nous nous sommes revus souvent, lors de cérémonies ou de rencontres autour de la mémoire. En avril 2001, les nouvelles reçues de l'infirmière polonaise qui avait sauvé la vie d'Ida au Revier de Neustadt nous ont rapprochés un peu plus. « Wanda est vivante ! » a téléphoné Ida. Bertrand s'est souvenu aussitôt de ce prénom qu'Ida répétait lors de sa visite de 1988 au camp. À quelques heures près, le destin n'a pas voulu que l'ancienne gamine aux pieds gelés revoie en vie celle qui l'avait soignée comme sa fille et qui s'est éteinte, à Varsovie, à quatre-vingt-neuf ans.

Ce rendez-vous manqué avec la reconnaissance rappelait à Ida que le temps travaille contre le souvenir. À soixante-douze ans, ne fallait-il pas songer à mettre noir sur blanc le témoignage qu'elle a égrené devant des milliers de scolaires, sous peine qu'il n'en reste que des traces périssables ? Elle était parfaitement en mesure de rédiger toute seule ses souvenirs, elle que son institutrice des Deux-Sèvres, Mme Picard, tenait – on le verra plus loin – pour sa meilleure élève en français. Mais elle se sentirait moins intimidée par l'écriture si...

Bertrand s'est proposé d'être le scribe de ce travail à quatre mains, que Nicole Lattès a décidé de publier chez Robert Laffont. Le projet était scellé dès juillet 2001, avec la sérénité ardente qu'inspirent les évidences partagées. Le récit serait celui d'Ida, il aurait son visage, sa voix, comme elle l'avait vécu dans sa chair. Bertrand tiendrait la partition du narrateur, pour rappeler les événements contemporains et exprimer ce que l'émotion ou l'humilité retiendraient Ida de dire elle-même.

Grâce à sa naissance de Français catholique, Bertrand n'avait pas eu à souffrir directement, ni sa famille, de la guerre faite par les nazis et leurs complices à une petite Juive de quatorze ans, jusqu'au fin fond d'une ferme poitevine. Il avait seulement ressenti comme le scandale et la honte de son adolescence épargnée la disparition d'un ami de classe, Youra Riskine, en juin 1943, et il avait suivi les procès issus de la Shoah – Barbie, Touvier, Papon –, dans l'espoir de comprendre, de célébrer, de transmettre.

Ce qu'on va lire nous a réunis étrangement comme sœur et frère. Nous sommes nés tous les deux en 1929 ! Mettons que cette coïncidence tombait bien pour ne pas avoir à en dire davantage ici sur un lien qui relève, comme le sujet de nos phrases mêlées, de l'indicible.

Ida et Bertrand

Première partie

« LA JUIVE DE LIÉ »

Un bruit de moteur dans la nuit

Il est minuit passé, le 31 janvier 1944, quand une traction avant s'arrête le long de la ferme des époux Marché, au Jeune-Lié, non loin de Melle, Poitou. Derrière le mur aveugle, une gamine s'éveille en sursaut. Aucun voisin ne saurait s'aventurer dans ce bout du monde, à une heure pareille.

« Ce ne peut être que pour moi ! » se dit aussitôt Ida Fensterzab, quatorze ans, sans se savoir encore le point de mire d'une des énormités de l'histoire humaine...

Une armée victorieuse, mais en passe d'être vaincue, et qui ne trouve rien de plus urgent que d'intimer l'ordre à ses vaincus d'aller dénicher une petite Juive des Deux-Sèvres pour l'expédier dans l'enfer d'Auschwitz ! La patrie des Arts menant une guerre à mort contre une enfant, parmi des milliers d'autres, pour le seul crime d'être née !... L'événement est si atroce, si impensable, qu'on ne l'imagine pas, après coup, sans éclairs dans le ciel, sans fracas wagnériens, sans clameurs inouïes.

Or c'est en tapinois – première leçon de ce qu'a vécu Ida – que la barbarie se glisse, cette nuit d'hiver, dans un hameau que tout destinait au sommeil heureux des lieux oubliés par l'Histoire. C'est par le hasard d'une précaution déjouée que surgit l'inhumanité suprême, sous les traits de gendarmes, qu'on veut croire bons pères bien pieux en dépit de leur manque sidérant de pitié instinctive, et sans autre marque visible de leur monstruosité – car enfin ils ont avoué qu'ils connaissaient la suite – qu'un vaste mouchoir à carreaux pour s'éponger le front, en signe d'embarras. Les tragédies naissent donc en douce, en catimini : quand s'en avisera-t-on ? Éternellement trop tard ?

La tragédie d'Ida est tissée, comme toujours depuis que l'iniquité traque des innocents, d'un entrelacs de gestes infimes, de minuscules chances et malchances. Il y aurait là de quoi rendre superstitieux s'il ne se révélait, au bout du compte, que des logiques opiniâtres étaient à l'œuvre.

La France-refuge

Dans la voiture tiède où commence l'horreur, Ida va se taire, la main posée sur son balluchon. Ce gendarme en train d'éponger sa gêne ne méritait pas de savoir quelle foi dans son pays avait attiré les Fensterzab en France, et poussé leur petite-fille dans les pattes de la « brigade » de Melle. Il n'en rougirait que davantage.

Maintenant qu'un demi-siècle est passé, les descendants du vaillant militaire ont le droit – on aimerait dire : le devoir – d'entendre l'épopée de ces Juifs polonais sans autre patrie que l'exil. Cette épopée qui est celle d'une confiance trahie, écoutons-la d'une traite, de la bouche d'Ida, tandis que se devine sur son avant-bras nu (cette partie de l'entretien a lieu par une belle journée d'été normand, en juillet 2001) le matricule tatoué à l'arrivée à Auschwitz, ce numéro 75360 où les bourreaux voulaient voir la preuve d'une servitude infamante et qui a pris, avec le temps, le sens d'une victoire sur le néant.

« Ma mère était d'Ostrów-Mazowiecki, près de Varsovie. Mon père était de Kopszywnice, plus à l'est. Je n'ai pas visité ces berceaux de ma famille. Je n'ai connu qu'Auschwitz, bien obligée, et la capitale. Mon grand-père maternel était intendant des eaux et forêts. Ma mère, comme souvent les femmes de sa génération, n'a pas été beaucoup à l'école. Ses parents étant morts pendant la guerre de 1914, elle a travaillé comme mécanicienne dans la fourrure. Vers 1921, elle a rejoint un oncle à Berlin.

« C'est là qu'elle a rencontré mon père, arrivé de son côté. Ils se sont mariés religieusement en Allemagne, puis civilement à Paris, à la mairie du XIe arrondissement, après avoir réuni tous les documents nécessaires, en 1926. Mon frère était déjà né (en 1924). J'allais naître cinq ans plus tard, en 1929.

« Le nom de mon père, Fensterzab, veut dire carreau de fenêtre, à cause d'ancêtres vitriers probablement. Mon père, lui non plus, n'a pas pu aller longtemps à l'école. Son père était mort très jeune, et ils étaient plusieurs enfants. Dès l'âge de quatorze ans, il a travaillé comme tailleur sur mesures. Il gardait de ces débuts difficiles un véritable culte de l'école, dont il considérait la fréquentation comme un privilège. Il était très exigeant sur nos notes. La langue utilisée à la maison était surtout le yiddish, ce vieux dialecte germanique parlé au Moyen Âge par les Juifs qui vivaient en Rhénanie et qu'ils ont véhiculé à travers l'Europe centrale.

« Plus tard, mon père prendrait des cours de français et me demanderait des conseils, avec une application que je trouvais admirable. Il ne voulait pas que j'assiste à ses cours, qui avaient lieu le dimanche matin. Souvent, il était fier de me "coller" en conjugaisons. Il remplissait des cahiers d'exercices. Je les ai retrouvés en 1945. Hélas, je ne sais pas ce qu'ils sont devenus...

« Mes parents étaient mariés religieusement, faute de papiers pour une union civile, mais, à part quelques grandes fêtes traditionnelles, ils ne pratiquaient pas. Ils ne faisaient pas référence à Dieu mais à l'Homme, à la République. Ils prêchaient une morale stricte : ce qui se fait, ce qui ne se fait pas.

« La Pologne était en proie à un antisémitisme viscéral. J'ai su très tôt ce que signifiait le mot pogrom. Mon père me racontait. Comme il travaillait à la maison – tandis que ma mère assurait les livraisons en ville – il nous parlait beaucoup. Ces années d'avant 1940 ont énormément compté grâce à ces conversations. Étant né en 1898, mon père a été témoin et victime des persécutions, dans la partie du pays annexée par les Russes avant 1914. Des hordes surgissaient à l'improviste dans les petites villes ou les villages pour piller, violer, massacrer les populations juives. Ils pouvaient agir en toute impunité, la police n'intervenait pas.

« En plus des pogroms, il y avait une mise à l'écart de la part des Polonais. Les Juifs n'étaient pas considérés comme des citoyens à part entière. Il y avait des quotas dans les écoles. Mon père ne cessait de souligner la chance qui était la nôtre d'être scolarisés sans distinction aucune.

« Outre l'antisémitisme, ce sont les difficultés économiques et l'inflation des années vingt qui ont décidé de leur départ de Pologne, puis de Berlin où ils avaient été plus heureux. À noter qu'étant nés à Paris mon frère et moi avons acquis la nationalité française par déclaration volontaire de mes parents, tandis qu'eux-mêmes ne l'ont pas obtenue. Notre destination finale devait être le Canada, où des oncles avaient émigré à la fin du XIXe siècle. Mais mon père ne voulait pas s'y rendre sans nous, en éclaireur. Paris nous semblait un refuge suffisant.

« La France avait une réputation incroyable en Europe centrale. Sans y connaître personne, ils savaient que la France avait fait la Révolution, c'était le pays de la liberté, de la tolérance, celui qui avait émancipé les Juifs. À la déclaration de guerre, mon père s'est engagé comme étranger. S'il n'est pas parti, c'est, je crois, qu'il était trop vieux – plus de quarante ans. Même quand le régime de Vichy s'est installé, nous avons refusé de croire qu'il nous menacerait. La France bénéficiait d'une aura prodigieuse, inaltérable !

« La famille a d'abord habité dans le XIe arrondissement, rue de Montreuil, puis rue des Envierges dans le XXe. Après 1935, nous avions un appartement très agréable, de quatre pièces, rue Clavel, dans le XIXe. J'y ai vécu au retour des camps. Depuis, les pavillons ont été démolis et remplacés par un grand immeuble.

« Mes souvenirs remontent à l'âge de quatre ans, vers 1933, à l'école maternelle du XXe. J'y ai appris le français, que je parlais à peine. Je m'emmêlais avec le yiddish parlé à la maison. Chez le crémier de la chaîne Hauser, je demandais du *keisele*, au lieu de fromage. La vendeuse me reprenait gentiment. Le racisme de la presse et des milieux intellectuels bourgeois n'affecte pas les écoles du quartier, où sont regroupées beaucoup de familles juives.

« Nous nous voyons énormément entre émigrés. Tous sont ashkénazes comme nous et parlent yiddish. Mes parents travaillaient très dur. Sitôt fini le dîner, on débarrassait la table pour continuer les travaux de couture, à la main et non plus à la machine pour ne pas déranger les voisins. Mon oncle et ma tante Dembski habitaient à Clamart, dans la banlieue parisienne. Nous baignions dans la gaieté. Mon père était très drôle. Il adorait les histoires, les blagues en yiddish, qui est une langue très imagée. Parmi nos voisins, il y avait un tailleur arménien (par qui, toute petite, j'ai entendu parler des massacres dans son pays), un bottier italien, et le bougnat qui nous servait de cabine téléphonique. Mes parents entretenaient avec tous les voisins des relations très chaleureuses. Hélas, beaucoup de leurs amis ont été déportés sans retour, souvent dès 1942.

« Les nouvelles d'Allemagne arrivent par des émigrés venant de Berlin et d'ailleurs. À partir de 1937-1938, nous savons ce qui se passe pour les Juifs d'outre-Rhin. On en parle. On est anxieux. Bien que nous n'ayons pas de TSF à la maison, je revois mes parents écoutant un discours de Hitler chez des amis. Ils comprenaient l'allemand depuis leur passage par Berlin. Personnellement, je ne saisissais pas le sens de ce que hurlait le Führer. Mais l'angoisse des adultes se communiquait aux enfants.

« Mon père lisait un journal de gauche, en yiddish, la *Naïe Presse*, que j'allais chercher à la papeterie voisine. La révolution russe de 1917, c'était un repère important, à l'époque. Je garde le souvenir précis d'un défilé du Front populaire, sur une grande place, la Nation ou la République, je ne sais plus. J'étais sur les épaules de mon père. Je me rappelle mon étonnement : pourquoi les manifestants criaient-ils "les serviettes partout" ? Mon père rectifiait : "Les soviets, pas les serviettes, Ida, les soviets, comme en URSS !" »

Alors que tout séparait les enfants Ida et Bertrand, au regard des conforts et des risques de l'existence, Bertrand s'est souvenu d'un quiproquo similaire avec son père, en 1938, à propos du couloir polonais de Dantzig, qu'il confondait avec un... « dancing ». « On ne va tout de même pas faire la guerre pour un "dancing" », se scandalisait-il. Preuve que le fait de traverser les mêmes événements au même âge crée une secrète parenté, si loin de l'autre que l'on soit né. Il existe une connivence de tous les natifs du même millésime, une patrie sans frontière.

Les loisirs du moment font partie du bien commun des anciens des années trente. Ainsi du dessin animé de Walt Disney, *Blanche-Neige*, vu vers 1937, ou de l'opérette *Yana*, au Châtelet. Ida n'a que de bons souvenirs des sorties en famille :

« Mes parents m'emmenaient avec eux. On allait au théâtre yiddish, rue de Lancry. Boulevard de Belleville, il y avait des films en yiddish. Je connais bien la langue, et comme elle est proche de l'allemand, cela me servira au camp, me sauvera... On allait aussi se promener et pique-niquer au bois de Vincennes. On se reçoit beaucoup entre amis.

« À l'école, on ne m'a jamais fait sentir que je venais d'ailleurs. Ni les institutrices ni les élèves. Personne ne se moquait de mon nom pourtant difficile à prononcer, sauf une Mme S., pas très sympa. Par contre, la maîtresse de cours préparatoire, celle qui m'a appris à lire, Mme Roubéda, était particulièrement gentille, douce, maternelle. J'ai essayé de la retrouver après la guerre ; sans succès. »

Enfant du pays

Au fond, Ida n'a pas connu directement la montée des périls de l'Occupation dans les milieux de l'émigration juive de l'Est parisien. Pour la bonne raison que ses parents l'ont envoyée à la campagne dès avant l'exode ; non par crainte des persécutions mais pour la préserver des bombardements, des combats, des privations. En 1939, elle était déjà venue dans les Deux-Sèvres rejoindre ses oncle et tante Dembski avec sa mère et son frère. C'est ainsi qu'elle arrive chez Alice, au Jeune-Lié, par Melle, à une trentaine de kilomètres de Niort.

Nous sommes allés sur place – Bertrand pour découvrir les lieux, Ida pour les revoir et guider la visite –, aidés par l'obligeance et l'érudition d'un grand connaisseur de l'histoire régionale, Jean-Marie Pouplain, correspondant de l'Institut d'histoire du temps présent. Nous raconterons plus tard l'émotion qui entoura notre rencontre avec l'ancienne institutrice d'Ida au village de Sompt, Mme Picard. Ce qui dominait les impressions du voyage, c'était l'aisance d'Ida, son attachement charnel à cette terre dont elle faisait, en quelque sorte, les honneurs. Mêlant le patois aux réminiscences de la vie quotidienne, elle parlait de « son » école, de « sa » route, de « ses » moutons, de « sa » chienne Gardienne, des liens de parenté entre les défunts de « son » cimetière de Sompt.

Le village avait fait plus que l'adopter : il avait

gommé instantanément les différences qui auraient pu apparaître du fait de ses origines, de sa situation. Cette fusion parfaite dans le paysage et la population allait ajouter à l'ignominie des mesures antijuives prises par le gouvernement de Vichy dès octobre 1940, avant même que l'occupant nazi ne les lui ait imposées, et à l'énormité de l'arrestation, par des Français, de cette « enfant du pays » !

... Il faut avoir vu le hameau du Jeune-Lié : une poignée de maisons de pierre claire, auxquelles le dépérissement des campagnes a conservé leur aspect de pauvreté, de vie dure. Des fenêtres rares, une cour close, le purin proche, quelques hectares de polyculture, un peu d'élevage, quelques chèvres et moutons, un poulailler, une forte pratique du catholicisme, le chant des coqs et des cloches apporté par la brise de l'océan, le Marais poitevin à deux pas, des ciels changeants : un art de vivre austère mais aimable, équilibré comme de la « belle ouvrage » d'artisan, méconnu malgré les hymnes que lui a dédiés un poète du cru, Pierre Moinot.

Dès sa venue au printemps 1940, Ida reprend le chemin de la classe. Elle est presque mûre pour le certificat d'études, qu'elle passera aisément l'année suivante. À temps perdu, elle garde les moutons, dont elle fait ses confidents les jours de cafard. Alice, qui n'a pas d'enfant, adopte sa pensionnaire. À l'école de Sompt, les amitiés de classe se nouent. La nature éclate. Il ne manque que la chaleur familiale.

Arrive l'armée allemande. À Lié, l'événement ne produit pas le même choc terrible qu'à Paris. Quand elle viendra la voir, en 1941, sa mère lui racontera comment les troupes du Reich sont entrées dans la capitale par la porte des Lilas et la rue de Belleville, la peur, le chagrin. Quelques jours plus tard, l'entrée de la Wehrmacht dans le chemin de la ferme Marché est plus bucolique, inoffensive. Dans la mare du carrefour, aujourd'hui asséchée, les soldats font boire leurs chevaux. Fallait-il qu'ils aient culbuté facilement les défenses françaises pour arriver si loin, à la vitesse d'attelages hippomobiles !

Par la suite, l'occupant pèse peu, comme à distance. Sauf par la réquisition, sur ordonnance allemande, des vélos appartenant à des Juifs. Ida se revoit livrant, en 1942, la bicyclette qui lui était si utile, vu les distances entre Lié et l'école de Sompt ou Melle. La persécution se ressent surtout à travers les mauvaises nouvelles écrites par son père, qui se cache dans la région parisienne. Elle deviendra une certitude et une menace directe lorsque son père lui apprendra, à l'été 42, l'arrestation de sa mère lors de la rafle du Vel'd'Hiv'.

Une autre date de la vie à Lié a beaucoup compté pour Ida : les vacances scolaires de Pâques 1941, quand sa mère est venue la voir trois ou quatre jours dans les Deux-Sèvres. Ida n'a rien oublié :

« Maman dormait avec moi, chez Alice, qui n'était pas encore remariée – elle épouserait Paul en 1943 seulement. J'ai le souvenir précis que le dimanche de Pâques, Alice nous a proposé de l'accompagner à la messe, à la chapelle de Sompt. Maman a accepté de bon cœur. Je pense que nous y sommes allées dans la carriole à cheval d'un voisin. À la sortie de l'office, j'étais toute fière de montrer ma mère à mes copines. Maman était belle, avec son teint clair, son beau regard. Elle s'était confectionné un petit chapeau mignon ; même que l'Anglaise cachée dans le village lui a demandé de lui faire le même !

« Il s'est passé une chose importante, tient à préciser Ida à propos de ce séjour. Un jour où je l'avais un peu énervée, probablement, Alice m'avait fait des remarques, sans méchanceté mais très sûre d'elle : selon elle, "c'étaient les Juifs qui avaient tué le Christ". La vieille antienne antisémite de l'Église catholique sur le “peuple déicide” n’avait pas épargné le Poitou profond.

« Ça m’avait fait un choc. On ne parlait jamais de ça à la maison. Je savais depuis toujours que j’étais juive, mais je ne connaissais pas cette histoire de “l’assassinat du Christ”. J’en étais triste, et culpabilisée. “T’es sûre ?” ai-je demandé à Alice. Elle disait que c’était certain, que c’était dans le catéchisme, dans un psaume. Pour elle, pas de doute : Judas avait trahi et nous les Juifs, mes ancêtres, nous avions “tué Jésus”. J’ai donc profité du séjour de ma mère pour lui poser la question en l’absence d’Alice. Elle m’a expliqué très tranquillement que ce n’étaient pas les Juifs mais les Romains qui avaient tué le Christ, et que d’abord, premièrement, Jésus était juif lui-même. Alors là, les bras m’en sont tombés. Ma mère précisait même que Jésus était un enfant illégitime, né hors du mariage, et que le christianisme était né de cette histoire. J’ai gardé les choses pour moi, je n’en ai plus reparlé avec Alice, mais j’étais rassurée !

« Pour m’occuper, Alice m’envoyait aux champs garder les moutons, avec l’aide d’une petite chienne nommée Gardienne. Lorsque j’étais triste et que je pleurais en pensant à ma mère dont je n’avais pas de nouvelles, Gardienne me consolait en me léchant le visage et en gémissant, comme pour me faire comprendre qu’elle partageait ma peine. On verra quel accueil déchirant d’affection Gardienne allait me réserver à mon retour après la guerre !

« Alice s’énervait beaucoup contre moi à propos des colis que j’envoyais chaque semaine à mes parents. Elle pestait : “N’importe comment je n’aurai jamais de remerciements... On sait bien que les Juifs sont des ingrats !” »

Comment expliquer ce mélange d’attachement généreux, chez Alice, et de préjugés persistants dus à son éducation ? Ida a son idée :

« Il faut dire qu’Alice n’était plus la même, après

l'arrestation de ma mère. Mon père ne pouvait plus travailler autant, du fait qu'il se cachait. Il survivait en faisant des retouches. Ma pension n'était plus payée régulièrement à Alice. Celle-ci s'est remariée, et le climat a changé. Elle s'est séparée de moi pendant les six mois d'apprentissage de tricot à Melle. Son nouveau mari n'était pas méchant avec moi, non, mais il était vaguement jaloux de la place que je prenais. »

La mère d'Ida paraissait-elle inquiète de la situation ?

« Elle ne me le montrait pas. Mais une voisine m'a rappelé, cinquante ans après, qu'à sa visite de 1941 maman semblait triste, angoissée, préoccupée. À moi, elle faisait plutôt les recommandations de toutes les mères à une fillette de douze ans déjà avancée : se méfier des garçons, ne pas leur faire confiance. »

La dernière fois qu'Ida voit sa mère, c'est en 1942. Ida passe les vacances de Pâques à Paris. Elle ne se rend pas compte de toutes les brimades antijuives de l'époque, les pancartes désignant les boutiques juives. Comme le port de l'étoile n'est pas encore imposé, elle n'hésite pas à aller au cinéma avec des amies. Elle voit *Romance de Paris* et *Allô, Janine !*. C'est au cours de ce séjour que sa mère l'emmène chez le coiffeur et lui fait faire la fameuse houppette qui la « vieillit ». Une autre scène lui revient : la mère d'amis s'étonne devant elle, « d'un air pincé », que sa mère laisse repartir sa fille à la campagne. Quant à elle, elle ne pourrait pas se séparer de ses enfants. Ida, qui serait volontiers restée à Paris, a demandé des explications à sa mère, qui n'a pas hésité sur la réponse, sans faire allusion aux risques d'arrestation qui justifiaient son attitude.

« Eh bien moi, m'a-t-elle dit, je t'aime encore plus que cette dame aime ses enfants. Tant pis si je suis séparée de toi, je préfère que tu sois à la campagne, où tu ne manques de rien. »

Sans doute devinait-elle les préjugés d'Alice. Elle a fait promettre à Ida qu'« après la guerre » elle ne resterait pas à la campagne, qu'elle reviendrait à Paris pour continuer ses études. Ida s'en souviendrait au retour des camps. Mais pour l'heure, la séparation allait se révéler la seule solution de salut. Si ses parents n'avaient pas insisté pour que leur fille retourne à Lié, Ida se serait trouvée en 1942 sur les listes parisiennes... Et elle ne serait pas revenue !

De retour dans les Deux-Sèvres, Ida a écrit une dernière lettre à sa mère en la prévenant à mots couverts, par pudeur vis-à-vis de son père et de son frère, que les signes de sa puberté évoqués entre elles étaient apparus.

« Maman a donc eu le temps d'apprendre que j'étais devenue une jeune fille ! Si elle ne m'avait pas prévenue de ce qui allait arriver, je me serais affolée ! Qu'avant de disparaître elle ait su que j'étais "une grande", j'y ai trouvé, j'y trouve encore, je ne sais quel apaisement ! »

Mme Fensterzab sera arrêtée quelques jours après cette nouvelle. Elle l'emportera dans son silence.

« Vous ne la reverrez pas ! »

« Vous dormez, quand la voiture s'arrête dans le chemin, la nuit du 30 janvier 1944 ?

— Bien sûr ! En hiver, il fait nuit de bonne heure. On se couche avant dix heures.

— À quoi sont occupées les soirées ?

— On épluche le maïs, on va chez les voisins. On se réunit pour la veillée. L'ambiance est très chaleureuse. J'aimais beaucoup. Sinon, je lisais, je restais avec Alice et son mari.

— Vous parliez patois ?

— Je le savais, mais surtout j'avais un très fort accent en français. Au camp, les filles m'ont demandé plus tard où j'avais pris un tel accent...

— Votre chambre était chauffée ?

— Oui, par un poêle. J'aidais à y mettre du bois, à enlever les cendres.

— Alice venait vous embrasser dans votre lit ?

— Non. On s'embrassait avant. Après, je restais seule avec mes souvenirs. On s'endort vite, à la campagne.

— Vous n'aviez pas de devoirs à faire après le dîner ?

— Depuis longtemps ! Après le certificat, en 1941, Mme Picard, l'institutrice de Sompt, m'a fait travailler pendant un an, et après j'ai été en apprentissage de tricot à Melle pendant environ six mois. Dans la journée avant l'arrestation, j'ai peut-être promené les moutons. Je n'ai pas travaillé avec la machine à tricoter qu'on m'avait offerte, car on était dimanche...

— Quand le bruit de moteur vous réveille, vous avez souvent raconté que vous vous dites aussitôt : "C'est sûrement pour moi !"

— C'est vrai : c'était pour moi une évidence.

— Sur quoi se fonde cette certitude ? Quelles nouvelles vous arrivaient de l'extérieur ?

— Alice n'avait pas de TSF. Son mari lisait seulement un petit journal de Melle, sous contrôle allemand. Des voisins, eux, avaient un poste et nous informaient. Je ne savais même pas qu'il existait une radio anglaise, qu'il y avait eu l'appel du 18 juin. Il n'y avait pas d'Allemands à Sompt. Ils ne faisaient que passer pour acheter du ravitaillement dans les fermes. À Melle, on en croisait qui défilaient. Je me rappelle le bruit des bottes. Mais on ne savait pas encore de quoi ils étaient capables. Ils passaient à toute vitesse en voiture. C'était cette vitesse qui nous impressionnait. On n'avait pas connaissance d'accrochages avec des maquis, comme ils l'ont dit ensuite pour justifier les arrestations de Juifs.

— Votre certitude que cette visite nocturne est forcément pour vous, d'où vous vient-elle ?

— Depuis quelque temps, mon père n'arrête pas d'écrire à Alice pour lui dire qu'il faut absolument me rayer des listes de la mairie, qu'il y a du danger, que je ne dois pas avoir de carte d'alimentation. Le maire, mis au courant par Alice, ne se méfiait pas. "S'il y a un risque, disait-il, je connais le chef de la gendarmerie, il me préviendra." Du coup, Alice ne m'a pas fait rayer des listes, alors que j'aurais très bien pu subsister sans tickets, on ne manque de rien, à la campagne. Je n'avais pas l'âge, l'autorité me permettant d'insister pour qu'on suive les conseils de prudence de mon père.

— Quels autres indices vous ont conduite à redouter le bruit de voiture ?

— On m'avait remis officiellement les étoiles réglementaires en 1942. Le maire, M. Poupinot, m'avait convoquée à la mairie. Il m'avait tendu les trois étoiles en me disant : "Voilà ce qui est arrivé pour toi ! Tu vas signer que tu les as bien reçues, mais aussi longtemps que je serai maire tu ne porteras pas ça !" Je n'ai donc jamais porté l'étoile ouvertement. Mais, par prudence, je l'avais cousue sous mon vêtement, pour le cas où il y aurait un contrôle.

— Dans le village, on ne vous fait aucune remarque, on ne vous pose aucune question sur vos origines ?

— Rien. Je suis complètement adoptée. Je suis la petite Parisienne qui s'est fondue dans le pays. Comme les gens disaient – et moi de même, car je parlais le patois, je peux encore le parler –, j'étais une "drôlesse" d'ici (prononcer "ichi"). En poitevin, le mot drôlesse n'a rien de péjoratif !

— D'autres nouvelles de votre père vous avaient alertée ?

— Bien sûr. Il ne m'avait pas parlé des rafles de 1941, mais il m'a appris l'arrestation de ma mère, le 16 juillet 1942, lors de la rafle dite du Vel'd'Hiv'. L'arrestation de ma mère est la première que j'aie apprise. Ça a été un choc affreux. Je découvrais la persécution des Juifs.

« C'était la première fois que l'on arrêtait des femmes et des enfants. C'est de là que datent le retournement de l'opinion des Parisiens, et le début des sauvetages d'enfants. Des inspecteurs de police consignés à la Préfecture s'étaient échappés, je l'ai su après, et ils avaient prévenu qu'une rafle aurait lieu le lendemain. Ma mère n'y a pas cru. "Pourquoi arrêterait-on des femmes et des enfants !" Elle a eu peur pour mon père et pour mon frère, elle a insisté pour qu'ils partent se cacher chez des voisins, dans une rue voisine. Elle est restée chez elle et elle s'est fait prendre à l'aube. Toutes mes craintes sont nées de là.

« Mon père avait peur pour moi depuis qu'il me savait déclarée à la mairie. Il avait appris que les enfants comme moi risquaient d'être arrêtés, eux aussi. Il avait demandé à la femme d'un Juif belge, elle-même non-Juive, de venir me chercher pour me cacher avec lui, dans la région parisienne. Nous nous sommes croisées, car j'ai été arrêtée entre-temps. Je n'ai pas eu que des chances, comme vous voyez. Il est arrivé que la malchance soit au rendez-vous.

— Comment s'était faite votre déclaration à la mairie ?

— Fin 41 ou début 42, mon frère est venu pour travailler dans une ferme qu'on lui avait trouvée. Comme il avait dix-huit ans, il avait une carte d'identité avec la mention "Juif". Je ne sais comment, peut-être lors d'un contrôle d'identité, les gendarmes ont su qu'il avait une petite sœur dans les parages... Si j'ai reçu les étoiles, c'est qu'on savait. Tout est venu de là. Je n'ai pas d'autre explication.

— ... Donc, le bruit de voiture vous réveille. Vous vous levez ? Vous entendez des voix ?

— Je devine qu'Alice a ouvert la porte sur la cour. Les gendarmes lui disent qu'ils ont l'ordre de m'arrêter. Elle proteste : "Vous n'allez pas emmener cette gamine, c'est impossible !" L'un des gendarmes insiste : "On a des ordres, et si on ne la trouve pas on prend votre mari !" Alice arrive dans ma chambre. Elle me dit : "Les gendarmes sont là, on vient t'arrêter !"... Pendant une fraction de seconde, j'ai pensé que je pourrais me sauver en sautant par la fenêtre de la cour, que les voisins m'auraient tous recueillie. Mais Alice a ajouté : "Ils disent que s'ils ne te trouvent pas ils prendront Paul." Je n'avais plus qu'à me préparer. Je devais emporter quelques affaires de rechange et des provisions pour trois jours. »

Ce sont en effet les consignes données aux gendarmes par les préfectures, outre le conseil d'être « discrets », d'où l'opération « de nuit » ; un dimanche ! Il s'y ajoute la recommandation non écrite de s'y prendre à trois afin que les exécutants se surveillent l'un l'autre et qu'ils soient moins tentés de désobéir. Ida a toujours mis de la fierté à préciser qu'on avait envoyé trois hommes en armes pour s'assurer de sa personne. Fallait-il qu'on la craigne, cette enfant de quatorze ans, qu'on lui reconnaisse de l'importance !

On retiendra qu'Ida aurait pu fuir, et que le chantage à l'arrestation du mari d'Alice l'a convaincue de se livrer... librement. Ce qu'elle qualifie modestement de réflexe « normal » ne mérite-t-il pas l'épithète d'« héroïque », de la part d'une enfant de quatorze ans, et comparé au zèle minable des gendarmes, ses premiers bourreaux ? Cette « nuance » concernant ses mérites fait partie des rares divergences apparues entre les auteurs de ce livre...

« Que vous inspiraient ces gendarmes, plus solidaires des Allemands que d'une gamine du pays ?

Ida n'hésite pas une seconde :

« Sur le moment, rien. Rien que du mépris !

— Et ensuite ? Aujourd'hui ?

— Je suis toujours aussi convaincue qu'ils pouvaient très bien désobéir, inventer qu'ils ne m'avaient pas trouvée, que leur voiture était tombée en panne... Mais à trois, le pouvaient-ils ? Il est sûr que tout pouvait être évité à cet instant, sans trop de risques pour ceux qui m'auraient épargnée ! »

De fait, peu de préposés ont désobéi, et peu de ceux qui ont refusé les ordres inacceptables l'ont payé de leur vie, de leur liberté, ou seulement de sanctions. On apprendra plus loin ce que ces auxiliaires zélés de la barbarie sont devenus après la guerre. Mais on ne connaîtra jamais leurs états d'âme au moment d'arrêter Ida, puisqu'ils n'ont pas été priés de s'en expliquer, ni enclins à le faire spontanément. Seul l'un d'eux aura laissé percer son accablement, on le verra dans un instant, lors du trajet en voiture vers la gendarmerie de Melle.

Ida a-t-elle un vague pressentiment de ce qui l'attend ?

« Je ne sais pas. J'imagine quand même la déportation, puisque ma mère n'a pas donné de nouvelles après son arrestation un an et demi plus tôt. Mais on n'a pas idée des camps. C'est seulement à Drancy qu'on me fera espérer que je vais retrouver ma mère. Tout ce que je sais, c'est qu'on m'arrête alors que je n'ai rien fait, uniquement parce que je suis juive.

— Qu'est-ce que vous emportez ?

— Un ensemble que je me suis tricoté toute seule, en laine grège plissée, magnifique, et un beau manteau bordeaux, bordé de cuir au col, que mon père m'avait confectionné. Je les garderai jusqu'au camp.

— Vous ne pleurez pas ?

— J'ai pas pleuré. Je suis terrifiée, bien sûr, mais je garde ma peur pour moi. Pas question de leur faire cadeau de mes larmes !

— D'autres préparatifs ? »

Ida retrouve un sourire rougissant d'adolescente pour livrer ce secret :

« J'ai coupé en petits morceaux, et jeté dans le seau de toilette, les lettres que j'échangeais avec un camarade du village, le petit Raymond, dont j'étais amoureuse. Vis-à-vis d'Alice, dont je redoutais la sévérité, ces billets doux bien innocents d'enfants de quatorze ans me paraissaient plus compromettants que les lettres de mon père, que d'ailleurs j'avais détruites au fur et à mesure ! »

Le souvenir de la correspondance paternelle lui revient avec attendrissement :

« Mon père signait “Rampou”, ce qui veut dire quelque chose comme “Tartempion”, dans le folklore yiddish. »

Un autre détail surgit :

« J'ai décousu en vitesse les épaulettes de mon manteau où ma mère avait caché deux pièces de vingt dollars en or, “au cas où”. Il faut comprendre : les Juifs de cette époque étaient si menacés qu'ils avaient le réflexe de convertir leurs économies sous la forme la plus transportable possible ! Avant de partir, j'ai confié les pièces à Alice, à l'insu des gendarmes. Auparavant, pendant que je faisais mes bagages, l'adjoint au maire, M. Bouffard, et le frère d'Alice, Charles Goimier, alertés par elle, sont venus discuter avec le gradé pour s'opposer à mon départ, sans succès... Quant au paquet de provisions – probablement des choses qui se conservent, des grattons, des confitures, du miel –, je ne l'ouvrirai pas jusqu'à l'arrivée à Birkenau, où il me sera confisqué à jamais. Je l'avais gardé intact, dans l'espoir de l'offrir à ma mère puisqu'à partir de Drancy on m'a fait miroiter que je la rejoignais...

— Alice pleurait, au départ de la voiture ?

— Beaucoup. Elle était très sensible.

— Et vous ?

— Je l'ai dit : *j'ai pas pleuré*. Je n'ai pas le souvenir d'avoir versé une larme. Je ne me vois pas sortant mon mouchoir. Je ne voulais pas faire de peine à Alice. Je ne voulais pas faire ce plaisir aux gendarmes. Dans ces cas-là, on ressent une force intérieure. Affaire de dignité. Non, et non, j'ai pas pleuré !

— Dans la voiture, vous avez demandé aux gendarmes où ils vous emmenaient ?

— Je n'ai pas dit un mot. Alice m'a raconté,

après la guerre, qu'elle leur avait posé la question. Je ne les ai pas entendus, mais d'après Alice, l'un d'eux lui a répondu : "On ne sait pas. Ce qui est sûr, c'est que *vous ne la reverrez pas* !"... C'était quand même très cruel, de dire ça, vous ne trouvez pas ?

— Comment savait-il que c'était sans espoir de retour ?

— J'ignore. À Niort, si, ils avaient sûrement des informations sur la suite. Mais à Melle !... »

Il existe un procès-verbal de l'arrestation, dressé par la brigade de Melle. Il y est précisé qu'Ida aurait été informée des « instructions allemandes en vertu desquelles » elle était arrêtée, qu'elle avait été fouillée et trouvée « sans arme sur elle ». Ces détails sont traduits dans la langue administrative, destinés à « couvrir » l'opération, et nommément certifiés par les gendarmes. Ida n'en a pas gardé le souvenir.

Dans la traction noire qui quitte le petit chemin de chez les Marché et qui va rouler vers Melle, Ida est certaine qu'elle n'a pas dit un mot, ni les gendarmes non plus. Sauf celui à côté et sous la garde de qui elle était assise, à l'arrière. Elle reverra toujours la scène, pathétique et dérisoire :

« Il a ôté son képi, il s'est épongé le front avec son grand mouchoir – à carreaux, le mouchoir, je ne l'ai pas oublié –, et il a soupiré : "Quel sale boulot !" »

Ce sera le seul propos de tout le voyage vers la brigade. Dès l'arrivée, à plus de deux heures du matin, Ida est présentée au capitaine T., qui l'attend en tenue, debout derrière son bureau, devant le portrait de Pétain. On n'a pas passé de menottes à l'enfant, mais un des gendarmes la tient par le bras. Sous aussi bonne garde, il n'est plus question de chercher à s'enfuir. Le certificat de nationalité française produit par Alice ne l'aide en rien. Le gradé n'a qu'une préoccupation : connaître l'adresse du père d'Ida. Pas un mot sur sa mère, arrêtée en 1942. Il la questionne ; sans brutalité, mais fermement.

« Je réponds que j'ignore où est mon père (en fait je lui écrivais à l'adresse où il vivait, près de Paris, chez un certain M. Lagneau). Le capitaine ne me croit pas. Il cherche à m'intimider. »

Faute d'obtenir ce renseignement, les mêmes gendarmes conduisent Ida à Niort, dans un hangar où sont disposés des lits de camp. Elle apprendra par la suite que sont rassemblés là cinquante-huit Juifs, hommes, femmes et enfants, raflés pendant la nuit dans la région. La rafle du 30 janvier aura été une des plus importantes du département.

« Personne de connaissance, à ce dépôt ?

— Personne. J'étais la seule Juive cachée du village. On fait connaissance. Je me souviens d'un couple, qui me paraissait âgé à l'époque, et qui s'approche, s'occupe de moi. Par déduction, j'apprendrai plus tard qu'il s'agissait des époux Friedmann. Il n'est pas question de notre destination, inconnue de tous. »

Le lendemain, apparition d'Alice ! Les agents qui gardent l'entrée l'ont laissée passer.

« Elle pleure tant qu'elle peut ! Elle raconte comment elle est allée trouver, dès le matin, le curé de la paroisse de Sompt, qui lui a délivré aussitôt un faux certificat de baptême. Le gendre de l'adjoint au maire l'a conduite en voiture à Niort, avec ce qui lui restait d'essence. Il faut imaginer le courage que ça représente : elle qui n'a jamais adressé la parole à un occupant, la voilà à la Kommandantur. Elle est reçue par l'officier responsable. Elle montre le certificat de baptême, affirme que sa protégée a été arrêtée par erreur.

Le dialogue entre l'officier du Reich et la paysanne poitevine prend une dimension tragique :

L'officier : « Par qui a-t-elle été arrêtée ? »

Alice : « Par la gendarmerie française. »

L'officier : « Dans ces conditions, vous comprendrez, madame, que je ne peux pas intervenir ! »

Reporter sur les Français la responsabilité des arrestations que Vichy avait en effet revendiquée depuis les accords Bousquet-Oberg ; se laver ainsi les mains d'une infamie qu'il avait exigée, et qu'il avait évidemment la faculté de suspendre : l'Occupant mettait une rare perversité à narguer, à travers une fermière sans défense, toute la France vaincue !

Alice est accourue au dépôt. « Il s'est moqué de moi ! » répétait-elle, en larmes.

« La nuit d'après, on est venu me chercher, avec trois autres enfants. Nous avons été emmenés à pied à un hôpital, avec un seul gendarme. J'ai de nouveau pensé à me sauver, pour la dernière fois du transport, mais j'avais peur, je ne connaissais personne comme à Lié. Les bonnes sœurs étaient très gentilles avec nous. Je pensais que nous allions rester là... Dès le lendemain, on nous ramène au dépôt, sous prétexte qu'une des femmes restées au dépôt avait fait évader ses deux enfants. Je n'ai pas cru que c'étaient des représailles, et je me rappelle nettement ma réaction : “De toute façon, ils nous auraient repris ; si cette femme a réussi à faire fuir ses deux enfants, bravo ! Elle a bien fait !” »

La mère a été déportée à Auschwitz, par le même convoi qu'Ida. Elle n'est pas rentrée. Les enfants, eux, ont survécu. Il convient de le noter, même si l'intéressée n'y voit qu'un réflexe « naturel » : en approuvant le geste libérateur de la mère, quelles qu'en soient les conséquences pour le groupe et pour elle-même, Ida découvrait à quatorze ans, sans se le formuler, rien moins que l'esprit de résistance !

Le soir même, deux wagons de voyageurs étaient rajoutés au train Niort-Paris via Poitiers ; c'était plus qu'il n'en fallait, de même que les vingt gendarmes, la rafle des Juifs des Deux-Sèvres n'ayant « produit que » cinquante-huit personnes.

Épuisée par les premières nuits de détention et

de voyage, Ida ne se souvient plus au juste des moyens de transport qui l'ont conduite à Drancy. Aucune liaison ferroviaire ne reliait la gare d'Austerlitz au camp d'internement ouvert en mai 1941 dans la banlieue nord de Paris. Il est probable que le transfert s'est effectué par route. Des Parisiens ont gardé le souvenir, du côté de la gare d'Austerlitz, d'autobus de la TCRP – la RATP d'alors – au long moteur carré et à la plate-forme ouverte raclant le sol, avec un chargement de voyageurs apparemment contraints et sous bonne garde. Sous le pseudonyme de Forez, François Mauriac a fait état d'une telle vision, et d'enfants criant. Il a pu tenir ce témoignage de son fils Claude, qui l'a formellement confirmé. Autant de réponses aux Parisiens qui prétendaient, et prétendent encore, n'avoir rien « su ».

Drancy-Pitchipoï

De la semaine passée à Drancy, Ida n'a pas gardé beaucoup de souvenirs.

« Ce qui m'a frappée, c'est la hauteur des immeubles à étages. Je n'étais pas habituée. À la campagne, je ne connaissais que des fermes isolées et basses. Ça m'a paru immense et... agité. Les gens couraient dans tous les sens, comme s'ils étaient affairés à on ne sait quoi, et pressés, alors que rien ne se passait, en dehors de la composition des convois, généralement le jeudi. Les hommes étaient regroupés d'un côté, les femmes et les enfants de l'autre. Les Friedmann continuaient à veiller sur moi.

— Toujours pas d'Allemands à l'horizon ?

— Aucun, bien qu'on dise qu'ils dirigent Drancy. Rien que des gendarmes français.

— À quoi sont occupés les détenus ?

— Le matin, femmes et enfants sont de corvée de pluche. On épluche navets et rutabagas... Je me rappelle des problèmes de papiers d'identité. En principe, on n'a pas de carte d'identité avant l'âge de seize ans, mais on m'en réclame une, sans doute parce que, avec mes cheveux coiffés en hauteur, je fais plus – ce qui, plus tard, me sera bien précieux. On me dit que ma carte d'alimentation ne suffit pas.

— De quoi parle-t-on ? Se doute-t-on de ce qui va se passer ?

— On sait qu'on va être déportés dans les jours qui suivent.

— C'est la première fois que le mot "déporté" est employé ?

— Oui et non. Je l'ai entendu à propos de ma mère, en 1942. Mais à mon sujet, c'est nouveau.

— Quel sens a-t-il ?

— Nous pensons que nous allons travailler "dans des camps à l'Est". Le fameux "Pitchipoï", qui veut dire, en yiddish, quelque chose comme "Trifouillis les-Oies". Le nom d'Auschwitz n'est pas prononcé. Je ne m'inquiète pas trop, car, au secrétariat, il nous est précisé que ceux dont les parents ont déjà été déportés vont les rejoindre. Je le crois. Je m'y accroche. Je "plane" littéralement. Je suis tellement convaincue d'aller retrouver maman que, malgré la soupe claire et le bout de pain quotidien de Drancy, je ne touche pas au colis de provisions que m'a donné Alice, la nuit de mon arrestation. Toujours avec la conviction de retrouver bientôt ma mère, je garderai le paquet intact pendant le trajet vers Auschwitz ! Cet espoir fou domine ma mémoire de Drancy. À part ça, c'est le trou noir, jusqu'au moment d'embarquer.

« Comme j'ai dû arriver un lendemain de départ, je n'ai assisté à aucune formation de "transport" avant le mien.

« Celui-ci a eu lieu le 10 février 1944. Tôt le matin, les mille cinq cents détenus désignés pour le convoi numéro 68 ont été regroupés, comptés, et poussés par les gendarmes dans les autobus de la TCRP. Nous sommes conduits à la gare de Bobigny, et livrés aux Allemands qui nous attendaient sur le quai et nous précipitent brutalement dans les wagons à bestiaux. Devant chaque ouverture est disposée une planche en raison de la dénivellation du wagon par rapport au quai. »

Comment expliquer, chez les Allemands, ce mélange de rudoiement et de précipitation, de précautions, comme s'ils se savaient en faute ? Ida est formelle :

« La crainte d'attirer l'attention du voisinage ! »

D'après les travaux de Serge Klarsfeld, le convoi se compose de 674 hommes, 814 femmes et de 279 moins de dix-huit ans. Ils proviennent des rafles parisiennes du 3 février 1944 (425) et du 4 (469), ainsi que de la grande rafle de la région préfectorale de Poitiers commencée le 28 janvier.

Pendant le transport de Drancy à la gare de Bobigny, Ida se souvient d'avoir jeté à la volée un mot pour Alice. Le message est bien arrivé. Elle y annonce son départ « pour une destination inconnue ». Pour le reste, elle ne revoit qu'une chose : les vieux autobus où on les avait entassés, si lourdement chargés que les plates-formes raclaient le pavé. (Ce sont ces mêmes voitures qui serviront à transporter les rescapés de la gare de l'Est à l'hôtel Lutétia en mai 1945 – Bertrand s'en souvient, il les convoyait comme boy-scout ! Ida, quant à elle, n'y monterait pas au retour, son rapatriement devant avoir lieu par avion, et directement à l'hôpital Broussais.)

Combien de personnes par bus ? Cinquante, soixante, soixante-dix ? Ida ne sait pas. Il semble que les chargements étaient calculés pour que chaque voiture corresponde à un wagon du train en partance. Sur le quai, Ida remarque des uniformes français – gendarmes, gardes mobiles ou agents de la police (celle-là même qui sera décorée à la Libération) ! Mais cette fois ce sont des Allemands en armes qui prennent le relais, et assurent la montée dans le train. Ce dernier comporte au moins une vingtaine de wagons à bestiaux, pour contenir les quinze cents personnes à déporter.

Au loin, l'histoire de la guerre mondiale bascule. Le 12 janvier 1944, Victor Basch et son épouse ont été assassinés. Le siège de Leningrad a été levé le 14 janvier. Le Conseil représentatif des Israélites de

France, le CRIF, a été créé le 5 janvier. Les FFI vont l'être en février. Le 6 avril, Barbie fait arrêter les enfants d'Izieu. Le maquis des Glières est décimé en mars, mais la défaite du Reich n'est plus qu'une question de mois. Le front russe est enfoncé. Les Alliés remontent la botte italienne. Ils débarqueront en Normandie dans quatre mois.

Les militaires allemands qui « prennent livraison » du convoi 68 ne peuvent donc ignorer que le rêve hitlérien de suprématie millénaire et d'effacement des « races inférieures » est sur le point de s'évanouir. Et pourtant, la « solution finale » décidée à Wanzee continue de s'accomplir, casquette fière, badine sous le bras, chiens au pied.

Parmi les détenus que les SS poussent dans les wagons comme du bétail, arrêtons-nous un instant à la silhouette d'Ida, parmi les centaines d'autres. Elle porte la jupe, le pull et le manteau qu'elle a endossés en quittant la ferme de Lié. Aux pieds : des chaussures de ces temps de pénurie, avec semelles en bois articulées. Elle a passé en bandoulière un petit sac en cuir « gold », marron clair, un cadeau de son père pour ses quatorze ans, l'œuvre d'un cousin maroquinier avec lequel il se cache. Dans le sac, qu'elle trouve « ravissant », il ne reste plus que les petits trésors inutiles des voyages d'enfants. Les 360 francs que lui avait glissés Alice – somme énorme, de la part de la fermière – ont été confisqués à Drancy contre un chimérique reçu...

En haut du front, Ida arbore la houppette à la mode que lui a confectionnée sa mère et qui la fera ranger, par chance, parmi les adultes aptes au travail. Les joues ont encore, pour peu de temps, la rondeur que lui ont donnée les années de vie campagnarde. À la réflexion, Ida pense qu'elle faisait plus mûre que son âge, et forte, armée pour le pire qui s'approche.

Est-ce si certain ? Quand sa fille Sophie a atteint l'âge où elle-même quittait Bobigny, Ida s'est affolée devant la vulnérabilité qu'elle lui trouvait : « J'avais la chance, a-t-elle pensé, d'être plus robuste que Sophie à quatorze ans. »

Comment ne pas avoir pour Ida la frayeur rétrospective qu'elle eut pour sa fille, quand on imagine les aboiements des SS, le ferraillement des glissières, le claquement des cadenas, et la lourde porte du wagon effaçant du monde son visage d'enfant !

Deuxième partie

DE L'HOMME AU STÜCK

« Ça ne pourra pas être pire ! »

La dernière vision d'un monde civilisé s'est abolie avec la petite gare vieillotte de Bobigny (lieu de mémoire s'il en est, qu'on ne désespère pas de sauver de l'abandon à des ferrailleurs). L'enfer commence. Il naît avec l'enfermement absolu du wagon, dont l'unique lucarne ouvre son maigre rectangle grillagé sur le ciel d'hiver.

On l'a souvent dit : pas de quoi s'étendre sur le plancher, à peine la place de s'asseoir sur quelques brins de paille. Au centre du plateau, un seau d'eau bientôt vide, et un baquet en guise de tinette, vite plein. Grincements d'aiguillages, essoufflements de locomotive à vapeur, jets de suie, râles, geignements. Pour tous vivres, un trognon de pain par personne. Un seul arrêt en rase campagne, le deuxième jour, de la neige sur les talus, sans doute l'Allemagne déjà, des sentinelles le long des voies, des imperméables couvrant les bottes, l'arme à la hanche... Mais toujours pas un mot sur la destination, ni sur la durée du cauchemar !

La nature du supplice promis aux déportés se devine à travers l'absence méthodique de respect, une férocité aussi implacable qu'invisible. Quelle que soit l'intention finale, encore dissimulée, il devient clair qu'on entend nier l'humanité de la cargaison, la réduire à du quantitatif. Au camp, on parlera de stück au lieu de personnes, c'est-à-dire de pièces, de morceaux et, bientôt, de numéros sans nom. « Il en faut mille par semaine », exigeait Vichy des préfectures. Si les Juifs étrangers ne « fournissaient » plus assez, les préfets n'avaient qu'à « compléter » avec « du » Juif français ; ce qui fut fait. Comme le souligne l'emploi de wagons de marchandises, ce sont désormais des choses que l'on transporte.

Première épouvante ? Ida n'hésite pas :

« La puanteur ! La première dégradation que nous subissons, c'est d'aller aux toilettes devant tout le monde. Alors on "s'organise"... »

Prière de retenir cette expression « s'organiser » ; elle va désigner la débrouillardise, le troc, la combine, mais à caractère collectif, sans le réflexe courant du chacun-pour-soi, un élément de la solidarité salvatrice.

« Les adultes tendent un manteau, chacun d'un côté, pour éviter tant bien que mal la perte de dignité. Très vite, le récipient déborde. Le contenu se répand sur la paille. L'air est infesté, irrespirable.

— Il y a des enfants de votre âge ?

— Il me semble. Les mêmes qu'au dépôt de Niort. Ils ne sont pas à côté de moi. Je me retrouve dans un angle, avec les époux Friedmann et deux jeunes filles arrivées de Bretagne. Il y a un enfant plus jeune que moi dans une famille de trois enfants, mais pas de nourrissons.

— Pas question de dormir ?

— On a tout juste la place de s'asseoir. On laisse la tête aller sur l'épaule du voisin, avec une solidarité de bêtes à l'étable ! On s'assoupit.

— Vous parlez ?

— Peu.

— De quoi ?

— Comment ça sera là-bas. Dès le début, Mme Friedmann me dit : "Quand on sera arrivés, tu verras, je m'occuperai de toi." Moi, je rêve toujours que je vais retrouver maman. Je n'ai pas souvenir d'avoir eu faim. J'ai dû finir assez vite mon bout de pain. Je conserve les provisions d'Alice avec moi. Il n'est pas question que je les entame. Je les garde pour maman. Je pense qu'après un an et demi de camp elle sera contente d'avoir des bonnes choses. D'ailleurs, je n'ai dit à personne que j'avais des provisions. C'est mon trésor secret... Il n'y a pas de vieillards, pas de grands malades. On ne se lave pas. On reste comme ça, comme des bestiaux.

— Les gardiens parlent ?

— À l'arrêt, ils ont crié comme ils le feront toujours, ils ne savent pas parler autrement. Ceux d'entre nous qui pouvaient sauter du haut du wagon se sont soulagés sur la voie, wagon par wagon. Et on est repartis. »

Chaque tour de roue les rapproche de quelque chose qu'ils renoncent à envisager. Toujours le mythe de Pitchipoï. Comme on dirait aujourd'hui, on « gère » l'attente. Une seule certitude, partagée par tous : « ça ne pourra pas durer éternellement » ; et, au bout du trajet, même si personne n'imagine la réalité du camp et ne croit à une mort soudaine ou lente, la conviction générale est que « ça ne pourra pas être pire ». Devant la dureté du présent, cette certitude quant à l'avenir ressemble à de l'espoir. À Auschwitz, tout le monde poussera un cri de soulagement : « Enfin, on arrive ! »

« Il y en a qui pleurent de désespoir. Mais pas question de se révolter, de tenter de fuir. On ne sait même pas quelles régions on traverse. On est groggy de sommeil, après trois jours et trois nuits et près de deux mille kilomètres. Personne n'est devenu fou, dans mon wagon, mais je sais que c'est arrivé. Il n'y a pas eu de bagarres, comme ça a été le cas ailleurs. Pas de tentatives d'évasion non plus. Dans les wagons où des hommes ont essayé de soulever le plancher, les femmes s'y sont opposées par crainte de représailles. J'imagine que les transports d'été, comme celui de ma mère, en juillet 1942, ont davantage souffert que ceux d'hiver, à cause de la chaleur et de la soif... Il y avait d'autres jeunes filles, mais je me souviens surtout des deux Bretonnes. »

Des deux cent dix hommes et des soixante et une femmes sélectionnés à l'arrivée, sur mille cinq cents personnes embarquées cette fois-là – un des plus grands convois –, il n'en est revenu que quarante-deux, dont vingt-quatre femmes.

« Sur une autre planète ! »

On connaît l'ironie macabre de la devise inscrite en fer forgé au fronton d'Auschwitz : *Arbeit macht frei*, « Le travail rend libre ». Il aurait été plus exact d'annoncer : « Le travail, c'est la vie », ou encore : « L'inaptitude au travail, c'est la mort ! » Ida va l'éprouver dès les premières heures au camp :

« Ma première chance, c'est celle-là, de m'être rangée, sans le savoir, du côté de celles qui avaient l'âge et la force de travailler. Par cette décision instinctive allait passer la limite entre extermination immédiate et mort lente par épuisement.

« Nous sommes le 13 février 1944 au matin. On est dimanche. C'était l'habitude : départ de Drancy le jeudi et arrivée le dimanche. Quand le train s'arrête, avec une particulière brutalité dont le souvenir m'est resté, c'est une délivrance. On avait "touché le fond" ; du moins on le croyait. "Enfin !" soupire-t-on. J'ajoute intérieurement : "Ça y est, je vais voir maman !" On se doutait bien qu'on était près d'arriver, on avait repéré des noms de gare allemands le long de la voie, sans savoir encore qu'on était en Pologne.

« Première sensation : un vacarme d'enfer, où se mêlaient le déverrouillage des portes, les ordres hurlés – *Schnell ! Raus !* –, les aboiements de chiens, les cris des familles séparées. Quand l'arrivée se produisait de nuit, les projecteurs complétaient l'ambiance de cauchemar. Je crois que cela était voulu, cela faisait partie de la mise en scène. Plus tard, le train ira jusqu'à l'entrée de Birkenau, mais là il s'arrête en pleine campagne, environ deux kilomètres et demi avant le portail du camp. Le reste du chemin est fait à pied. Il y a beaucoup de neige par terre.

« Le long de la voie, il y a des hommes en pyjamas rayés qui nous traduisent en français les vociférations des SS. Ils sont chargés de notre "accueil". Certains déportés ont pu parler à ces hommes, pas moi. Grâce à ma connaissance du yiddish, je comprends les ordres ; cela me servira souvent au camp, je traduirai pour les camarades, j'éviterai les coups donnés à ceux qui n'obéissaient pas assez vite.

« Contrairement à Bobigny, il n'y a pas de planches pour descendre du haut des wagons. À Auschwitz, il faut sauter de plus d'un mètre de haut. La neige amortit la chute. Les personnes âgées ont du mal. Immédiatement, on regroupe les hommes d'un côté, et de l'autre femmes et enfants. Je me retrouve avec les deux jeunes filles de Bretagne que j'ai connues dans le wagon.

« C'est là que se situe un incident qui a probablement décidé de mon sort mais dont les conséquences m'ont longtemps torturée. Dans la cohue du quai, on nous ordonne d'aller en tête du train en vue d'un rassemblement. J'entends crier Mme Friedmann, la personne qui s'était occupée de moi dans le wagon : "Ida, attends-moi !" C'était pour continuer à me protéger, et non pas pour que je l'aide. Mais j'avais déjà démarré avec les jeunes filles vers la tête du train où on devait se rassembler, et, je ne sais pourquoi, je n'ai pas attendu cette dame. C'était comme ça, je voulais rester avec les jeunes filles, je ne voulais pas risquer de les perdre de vue en retournant en arrière. Cela me fait mal au cœur, chaque fois que j'y repense. J'ai longtemps culpabilisé. J'étais loin d'imaginer ce qui allait se passer pour ceux qui resteraient en arrière, comme elle, c'était impensable, mais voilà, mon instinct m'a amenée à ne pas répondre à ce cri. Je n'ai jamais revu ma "protectrice" : elle a fait partie des personnes gazées dès l'arrivée...

« Les jeunes filles non plus, je ne les ai pas revues dans le camp. Ce que je sais c'est que nous avons été "triées" ensemble. Arrivées en courant parmi les premières en tête du train, nous avons eu affaire à un seul SS, et non à plusieurs comme j'ai appris ensuite que c'était l'habitude.

« Il y avait des files de camions gris qui attendaient près de là. Nous avons appris après la guerre que l'un des camions, marqué du signe de la Croix-Rouge pour nous rassurer, transportait en fait du zyklon B en vue des chambres à gaz.

« Le SS, qui maniait une badine, a ordonné dans un mauvais français que celles qui ne pouvaient pas marcher montent dans les camions et que les autres attendent sur le quai. Je n'ai pas demandé mon reste, je me suis dit : "Je ne suis pas fatiguée" et je me suis tout de suite jointe à celles qui allaient continuer à pied. Le SS ne m'a pas questionnée sur mon âge, et il ne l'a pas deviné. Je faisais plutôt seize ans, avec mes bonnes joues de campagnarde et la fameuse coiffure en hauteur que ma mère m'avait faite à la place de mes anglaises, aux vacances scolaires d'avril 42 ! Ma mère m'a donné deux fois la vie ; la seconde fois en me vieillissant. Heureusement, car à quatorze ans, j'aurais dû suivre ceux que l'on supprimait dès l'arrivée !

« Je fais donc partie des soixante et une femmes sélectionnées pour entrer dans le camp. Vingt-quatre d'entre nous survivront. Cela s'explique par le fait que nous étions en 1944. Nous passerions "seulement" deux hivers à Auschwitz. Un hiver de plus, nous ne l'aurions pas supporté. Le nombre de survivantes de 1942 allait être infime. Les sept cent cinquante-quatre femmes montées dans les camions ont été gazées tout de suite avec les enfants. Et nous, naïves, nous pensions que les véhicules étaient là pour aider les invalides ; par... humanité en quelque sorte !

« Le camp de Birkenau vers lequel on nous dirige faisait partie du complexe d'Auschwitz, distant de trois kilomètres. C'est le plus étendu des quarante "sous-camps". Il était prévu pour contenir cent mille prisonniers. C'est là que se trouvaient les chambres à gaz et les crématoires. La plupart des photographies d'Auschwitz montrent, en réalité, l'entrée de Birkenau, avec son mirador central. C'est sous ce portail que seront prolongées les voies de chemin de fer pour que les convois pénètrent jusqu'à l'intérieur du camp et à proximité des crématoires. À la date de mon arrivée, les trains s'arrêtaient encore avant le camp.

« Avant de nous diriger à pied vers Birkenau, les soldats ont exigé que nous abandonnions nos affaires, en tas, dans la neige, sans indication de nom – des objets perdus. Je dois jeter le petit sac de cuir où je gardais les photos de mes parents, et le colis de provisions que je me promettais d'offrir à ma mère. Ça me désole. Il ne me reste plus rien de la vie d'avant !... En marchant, on ne voit personne, car les détenues sont déjà parties au travail. On aperçoit seulement des baraques crasseuses, délabrées, et, à travers les carreaux, quelques femmes livides, portant des fichus sur la tête, qui nous dévorent des yeux sans nous voir, l'air hagard. Cette fois, on est vraiment sur une autre planète !

« À l'entrée, on nous fait pénétrer dans une grande pièce appelée "Secrétariat". Des prisonnières polonaises en tenue civile, pas trop marquées physiquement, nous font remplir des fiches d'identité. Machinalement, j'inscris mon âge véritable. L'une des employées paraît s'attarder sur ma fiche. C'est mon âge qui l'étonne, mais dans mon obsession de retrouver maman, je m'imagine qu'elle a repéré mon nom, qu'elle connaît ma mère. Comme toutes les Juives, je dois faire précéder mon prénom de celui de Sarah. Je m'appellerai désormais Sarah-Ida. Les hommes, eux, doivent tous se prénommer Israël-quelque chose.

« De là, on est conduites dans une grande salle dite de “désinfection”, la Sauna, à deux ouvertures. On est abasourdies. On ne se pose pas de questions, mais on pressent le pire. Trois SS attendent, avec un civil, peut-être un médecin. L'ordre est lancé de nous déshabiller complètement. Nous sommes restées figées sur place. Aucune de nous n'a osé se déshabiller. Il nous a semblé impensable de nous mettre nues devant ces soldats. Exiger ça de nous est ressenti comme un outrage. On tente de conserver nos sous-vêtements. Aussitôt, les cris redoublent : “*Nackt !*” Ils nous veulent entièrement nues.

« Des femmes portant le brassard “Kapo” apparaissent et se mettent à nous frapper avec leur bâton. C'est la première fois que nous en voyons. Les kapos sont des “droit commun”, reconnaissables au triangle noir précédant le matricule de leur vêtement. Les Allemands les ont recrutées dans les prisons civiles pour s'en servir d'auxiliaires au maintien de l'ordre dans les camps. En échange, elles reçoivent divers avantages : chambres à part, vêtements, nourriture, etc. Elles ont tous les droits sur nous, y compris celui de nous battre.

« D'autres prisonnières ne parlant pas français surviennent pour ramasser nos vêtements, laissés par terre en vrac. On comprend qu'on ne retrouvera plus rien. Elles nous raflent les bijoux qui n'ont pas été pris à Drancy. C'est le cas de mes boucles d'oreilles. Je n'ai pas de montre ni de chaînette. Les femmes mariées doivent retirer leur alliance. Je m'aperçois que tout ce butin est réuni dans mon petit sac en cuir que j'aimais tant. Je ne comprendrai jamais comment ce sac abandonné sur le quai est arrivé aussi vite à la Sauna. Certaines camarades reverront leurs vêtements portés par des kapos. Quant à moi, je ne repérerai aucune autre de mes affaires.

« C'est alors qu'apparaissent des groupes de prisonnières, tondeuse à la main. Elles nous rasent de partout, cheveux, aisselles, pubis. C'est une humiliation terrible. On ne se voit pas soi-même, mais on devine l'effet qu'on produit en découvrant les autres femmes méconnaissables, défigurées. Comme la mode était aux cheveux longs, c'est un véritable tapis de cheveux qui recouvre le sol, de longues mèches brunes, châtaines. Certaines pleurent. Personnellement, je ne verse pas une larme, je ne veux pas leur faire ce plaisir, mais je me dis quand même : "Si on nous fait des choses pareilles, qu'est-ce que ça va être !"

« D'autres détenues s'approchent à leur tour, munies de plumes et d'encriers. On est toutes tatouées à l'avant-bras gauche. Les chiffres font suite à ceux du précédent convoi. Ils correspondent à la date de notre arrivée au camp. Mon matricule est 75360. Lorsqu'on nous fait passer à la douche, un de mes chiffres s'efface à moitié. Je m'en inquiète, me doutant qu'il me faudra savoir mon numéro par cœur et ignorant ce qu'est un tatouage (à la campagne, en ce temps-là, on ne marquait pas les animaux !). Une des femmes me rassure en me tapotant la joue : "T'en fais pas, me dit-elle, il n'est pas près de s'effacer, ton numéro." De fait, l'inscription "tient" toujours, après bientôt soixante ans !

« La suite devrait nous prémunir contre le froid et la gêne, puisqu'on nous jette un paquet de vêtements civils. Mais il s'agit d'une espèce de robe avec une petite veste qui ne tiennent pas chaud. Le tissu est en fibrane. Les pyjamas rayés viendront plus tard. Ce sont des vêtements civils, douteux, des haillons passés à l'étuve. Ils appartenaient sans doute à des prisonnières disparues. Dans le dos est tracée une grande croix à la peinture rouge, pour le cas où on tenterait de s'évader. Les chaussures nous sont lancées sans souci de notre pointure. On se les échange tant bien que mal. Je me rappelle une femme dont les sabots étaient si grands qu'elle les perdait en marchant.

« Nous voilà donc défigurées, déguisées, réduites à un numéro sur l'avant-bras, sans identité, sans passé ni avenir, projetées en une matinée du côté de l'enfer concentrationnaire. L'après-midi, on a droit à une soupe avec de vagues morceaux de chou. C'est une nouvelle étape vers la déshumanisation, car, faute de cuillère ou de récipients personnels, il nous faut laper notre portion comme des bêtes. Je préfère ne pas y toucher.

« Le soir même, nous nous retrouvons dans les blocks de "quarantaine". Cette précaution d'hygiène est absurde. Dans leur manie de la désinfection, les Allemands devraient se douter que les microbes se trouvent plutôt à Auschwitz que dans les pays d'où nous venons. Je m'aperçois que mes deux amies ne sont plus dans le même block que moi. Je ne connais plus personne.

« Heureusement, dès le premier soir, nous avons la visite de prisonnières françaises, qui se sont faufilées après le couvre-feu. Elles prennent ce risque chaque dimanche pour recueillir des informations auprès des dernières arrivées. Parmi elles, il y a Suzanne Birenbaum, une grande femme aux yeux vifs. Elle a près de quarante ans. Avec son accent parisien, elle se renseigne sur mon âge. Elle me conseille de "surtout ne pas le dire aux kapos si elles me le demandent". Elle ajoute : "Parce que les jeunes comme toi on leur donne une soupe de plus, et après elles disparaissent, on ne les revoit pas." C'était sûrement en vue des "expériences".

« Je décide donc que je répondrai toujours "seize ans", si on m'interroge. Ce réflexe vital, je le devrai à Suzanne. D'ailleurs, c'est comme si j'avais définitivement seize ans, dans ma tête. J'ai mûri d'un seul coup. Je n'aurai jamais eu quinze ans ! Quant à Suzanne, chaque fois qu'on la croisait, elle nous remontait le moral. Elle trouvait toujours les mots qu'il fallait pour nous encourager. Elle survivra, ce qui est exceptionnel à quarante ans. Dès le retour, elle écrira un livre, épuisé depuis mais qu'il est question de rééditer.

« Nous questionnons nos visiteuses sur le sort des femmes de notre convoi qui sont montées dans les camions. Où sont-elles passées ? Dans quelle baraque ? Sans hésiter ni nous ménager, elles nous expliquent que ces femmes ont été gazées dès leur arrivée, et brûlées dans les fours crématoires dont on aperçoit la fumée par les fenêtres de la "quarantaine". Je peux jurer qu'à cet instant aucune d'entre nous ne le croit.

« Cela dépasse l'entendement. Pas question de nous renseigner auprès des chefs de block, qui parlent slovaque et ne sont pas disposées à nous répondre. Nous pensons que nos visiteuses sont au camp depuis longtemps, qu'elles fabulent, qu'elles sont devenues folles, aigries par la souffrance, que les fumées sortent de fabriques.

« Il me faudra quatre ou cinq jours pour me rendre à l'évidence. Moi qui ai vécu à la campagne, je sais reconnaître les odeurs, celle des feuilles mortes, du bois, du cochon grillé. Je réaliserai la vérité lors d'un appel, un jour où le vent rabat la fumée vers notre baraque. Je reconnaîtrai une odeur de chair brûlée. Je dirai à mes camarades : cette fois, pas de doute, c'est bien ce qu'on nous a dit. La meilleure des preuves : les oiseaux avaient déserté Auschwitz ! Étant seule, n'ayant vu aucun membre de ma famille partir vers les camions, j'ai moins de difficulté à accepter l'inacceptable.

« Ce ne fut pas le cas de mon amie Claudine Chikman. Elle avait été arrêtée à Nice avec ses parents et son grand-père. Elle ne voulait pas croire qu'ils avaient été gazés à l'arrivée. Après la guerre, elle m'expliquera qu'elle avait littéralement "besoin de douter" pour survivre. Sur le quai, elle voulait suivre sa mère, qui allait être mise à mort. Le SS lui a ordonné, à deux reprises, de lâcher le bras de sa mère auquel elle se cramponnait. Sa mère l'a suppliée d'obéir, de peur que le SS ne la batte devant elle, ce qu'elle n'aurait pas supporté.

« Le salut de Claudine a tenu à ce fil ! Il est probable que la même scène se serait produite si j'avais attendu Mme Friedmann à la descente de wagon. J'ai culpabilisé jusqu'à ce que je m'aperçoive que je n'aurais pas pu la sauver, pas plus que Claudine n'avait pu sauver sa mère, et que j'aurais disparu avec elle. »

Ida ne perd jamais de vue que l'amitié était leur planche de salut. Elle répond avec une sorte d'enthousiasme, de fierté, de gratitude pour l'énergie qu'elles y puisaient :

« Les groupes se forment aussitôt. Dès la quarantaine, je fais la connaissance de quelques filles de mon convoi, donc parlant français. Notre baraque contient plusieurs centaines de détenues juives de différentes nationalités. Malgré les ordres donnés par la responsable du block, on peut se rapprocher selon les affinités. Par exemple, pour occuper les "koyas" – ces cadres de ciment et de bois où l'on couche à cinq ou six sur chacun des trois niveaux. Par chance, je suis à l'étage du haut, où on a la hauteur pour s'asseoir, on peut rester assise pour manger le morceau de pain distribué avant le couvre-feu, alors qu'en dessous on est obligée de s'allonger.

« Le lendemain de notre arrivée au block de quarantaine, nous recevons un bout de tissu sur lequel est imprimé notre numéro matricule, précédé de l'étoile de David. Nous devons le coudre sur le côté gauche de notre veste à hauteur de la poitrine. C'est notre carte d'identité. Elle indique que nous sommes juives, et le chiffre correspond à notre transport.

« À partir de ce moment, on ne nous désignera plus que par ce numéro, qu'il nous faut savoir par cœur en allemand, sous peine d'être rouées de coups. Pour les Françaises ignorant le yiddish, ce n'est pas facile. Je les aide. Mon numéro à moi me revient automatiquement : *fünf und siebzig tausend drei hundertsechzig*. Parfois, il faut aussi le savoir en polonais.

« Dans le camp, on sait qu'il y a le typhus. À la quarantaine, deux filles qui en étaient atteintes ont été évacuées vers l'infirmerie. Il a fallu les traîner. Elles refusaient de partir pour le Revier. On savait que c'était l'antichambre de la mort. Les filles se débattaient. Elles pleuraient. Leurs cris étaient déchirants. Nous assistions, impuissantes, au drame... La soupe provoque très vite des diarrhées. J'y échappe parce que je mange un minimum, bien que mes camarades m'obligent à me nourrir "si je veux revoir la France". La soupe ? De l'eau claire, tiède, avec des bouts de rutabagas, de choux. Il y avait des légumes plus consistants, comme des pommes de terre, mais les kapos se les réservaient en ne remuant pas le fond des bassines. Les filles qui travaillaient à la cuisine pouvaient avoir un peu de "rab", mais pas nous.

« La découverte des latrines a été un moment de stupeur. Elles étaient situées dans une grande baraque assez éloignée de la nôtre. Il y règne une crasse et une puanteur inimaginables. C'est un long banc de béton percé de dizaines de trous en quinconce. Chaque place est plus ou moins souillée de matières fécales (la plupart des détenues sont déjà atteintes de dysenterie). Nous n'avons aucun moyen de nettoyer l'endroit où nous devons nous asseoir, ni papier pour s'essuyer. Nous sommes une cinquantaine à passer là en même temps. Si l'une de nous a besoin de s'attarder, la kapo la chasse à coups de bâton. D'autres attendent la place.

« Le moindre instant d'intimité est interdit.

Aucune d'entre nous n'a pu s'habituer à cette monstrueuse promiscuité. Certains déportés ont rapporté que c'était l'occasion d'échanger des nouvelles du camp et du dehors. Je n'ai pas ce souvenir-là quant à nous. Rien qu'un écœurement toujours plus pénible à chaque fois.

« Sauf pour les appels, on reste dans la baraque. C'est l'occasion de parler, notamment entre adolescentes venues de France. Chacune raconte son histoire, son arrestation. Hélène Ekajzer, par exemple, qui a survécu à Paris depuis l'arrestation de sa mère en 1942, toute seule avec un petit frère, en revendant du lait coupé d'eau.

« On se doute bien que la guerre va finir et que notre sort en dépendra. La nouvelle du débarquement en Normandie nous donnera de l'espoir. Mais on trouvera que les Alliés mettent longtemps à progresser en Europe. De juin 1944 à mai 1945, presque un an, ça fait long !

« Après la quarantaine, quand je croise des Françaises portant un numéro plus petit que le mien, je leur dis que je cherche ma mère, arrivée en juillet 1942, et je leur demande si j'ai des chances de rencontrer des femmes de son transport. C'est chaque fois la même réponse, bras au ciel : elles n'en connaissent pas. C'est seulement au bout de quelques semaines que je perds l'espoir de retrouver ma mère. »

En vérité, chacune vit dans l'instant. Au réveil, avant le jour, elles se disent : « Vivement ce soir ! » Et quand elles se couchent, elles pensent : « Encore une journée de gagnée ! » On ne peut pas parler d'événement marquant, durant les trois ou quatre semaines de quarantaine. Pourtant, si. Ida se souvient d'une première atteinte de santé, qui prend toute son importance si on la raconte du dehors.

Dès les premiers jours, elle attrape une angine, à cause des courants d'air de la baraque. À quatre ans, elle a eu le « croup », sorte de diphtérie dont on garde une fragilité de la gorge. Elle sent la fièvre venir. Elle n'est pas douillette et se veut efficace. Elle a repéré une « chef » de chambrée », ancienne des ghettos de Pologne, qui lui a paru plus sympathique que les autres. Les chefs de chambrée étaient des déportées chargées de l'entretien du block, à raison de cinq ou six par block. Elles ne travaillaient pas dehors. Elles aidaient les chefs de block à répartir les rations. C'était une relative « planque ».

Ida a demandé en yiddish à l'une de ces chefs de chambrée de lui procurer de l'eau très chaude et du sel. Elle est sortie du block et elle s'est gargarisée comme le lui faisait faire sa mère, qui avait une préférence pour les remèdes naturels. Elle a failli s'ébouillanter tellement elle voulait que son traitement improvisé réussisse. C'était une question de survie.

Comme lors de l'embarquement de Bobigny, on voudrait reculer à la manière des caméras, et contempler ce spectacle : une enfant de quatorze ans s'appliquant à elle-même les soins appris de sa mère, et prenant en main son destin, seule dans la nuit d'une baraque de Haute-Silésie.

Effort couronné de succès : l'angine sera jugulée !

Les kapos : « Ici, on entre par la porte et on sort par la cheminée ! »

Les personnes qui n'ont rien subi de comparable se demandent si les prisonnières ont encore la force de réfléchir à leur sort, à l'inhumanité de leurs gardiens. Certaines ont-elles le réflexe d'interroger ou d'implorer le « Ciel » ? Ida n'a pas reçu d'éducation dans la religion juive. L'idée ne lui vient pas de se tourner vers le Dieu de ses ancêtres... À cette pensée, un sourire lui vient, d'ironie sans illusions :

« Vu la façon dont Dieu nous a oubliés ! Il m'arrive seulement de me dire : au fond, peut-être qu'Alice prie son Dieu des chrétiens pour moi. Ou plutôt la Sainte Vierge, pour qui elle avait une dévotion particulière. D'une certaine manière, je me sens sous sa protection... Pour ce qui est de nos pensées, elles sont réduites au minimum vital. La grande question est de tenir, de rester dignes par tous les moyens. Au retour du travail, on cherche d'abord à se laver, à récupérer.

« C'est à peine si on suit le cours des saisons. En Pologne, l'hiver est interminable, et le printemps très court. Il se résume au dégel, fin avril. C'est terrible, le dégel ! De la boue partout ! Nous sommes tellement nombreuses à piétiner le sol. La terre se change en gadoue.

« L'appel du soir est plus long, parce qu'il n'empiète pas sur la journée de travail. Les gardiens font durer l'opération, comme à plaisir. Nous sommes épuisées. En fait d'"appel", les gardiennes ne vérifient pas les noms ni les numéros. Elles ne font que nous compter. Il faut que nous soyons le nombre voulu. Interdit de parler, de bouger, de se retourner, de taper des pieds sur le sol pour nous réchauffer. Celles d'entre nous qui se trouvent mal, pas question de les relever. Nous n'avons pas le droit de quitter notre place. Pas question non plus de les faire rentrer à l'intérieur. La crainte est permanente de se faire remarquer, d'être envoyées au Revier.

« En quarantaine, nous restons toute la journée au block, en ne sortant que pour les appels. Mais quand il manque quelqu'un dans un kommando, on désigne une remplaçante parmi nous.

Une journée en quarantaine

« En quarantaine, nous couchons dans des espèces de cases en béton – en polonais, des koyas –, distinctes des châlits réservés aux hommes. Chaque koya comporte trois niveaux, occupés chacun par cinq ou six déportées. Les paillasses, très minces, sont remplies de sciure de bois. Les camarades d'en bas ont encore plus froid, car elles dorment sur le sol. Nous disposons de deux couvertures par niveau. Nous en plaçons une sous nous et l'autre sert à se couvrir. Pour nous réchauffer, nous nous emboîtons les unes dans les autres. Celles qui sont au bord n'ont pas assez de couverture. Tout de suite, nous organisons un roulement pour que ce ne soit pas toujours les mêmes qui aient froid. Par chance, on ne nous a pas imposé les voisines de couchage. Nous nous sommes groupées entre Françaises. Il y a un poêle à chaque bout de la baraque, mais il fait à peine plus chaud que dehors.

« La chef de block et la secrétaire occupent chacune une petite chambre l'une en face de l'autre, à l'entrée de la baraque. Parfois, quand la porte est entrouverte, nous apercevons l'intérieur de la pièce, proprement arrangé, confortable. La vue de ces chambres nous rend encore plus pénibles nos conditions de vie.

« Les chefs de chambrée utilisent le poêle pour se faire la tambouille avec leur ravitaillement spécial. Nous les regardons avec envie cuisiner des sortes de boulettes. Quand elles font rissoler des oignons, l'odeur nous rend folles d'envie, une vraie torture. Au début, nous ne sommes pas assez fatiguées pour dormir comme des masses. Nous sommes stressées par ce que nous découvrons jour après jour, par l'absence totale d'hygiène. Nous pouvons à peine échanger, en chuchotant, des impressions sur la dureté du camp. Nous savons que nous allons travailler. La faim commence à nous miner. Aussitôt, les chefs de block crient "silence !" en polonais.

« Vers quatre heures du matin, la kapo hurle "debout !". Elle empoigne certaines d'entre nous, à tour de rôle, pour aller chercher la bassine de "jus", une sorte de décoction d'orge pas sucrée. Là, je ressens mon âge : je n'arrive pas à soulever le récipient du sol. Chacune réagit selon son tempérament. La fameuse Hélène à qui il arrivera l'aventure des "pommes de terre" montre un cran formidable. Déjà, à Paris, elle avait la responsabilité d'un petit frère, après l'arrestation de ses parents. Elle a seize ans. Je suis la plus jeune de notre groupe. J'ai bon moral, sans doute grâce à mes quatorze ans. Les jeunes ont un instinct de conservation plus fort que les aînées. »

L'appel

« Après le jus, qui a le seul avantage d'être chaud (nous en gardons un peu pour nous asperger vaguement la figure), c'est tout de suite l'“appel”. Nous devons sortir de la baraque. En février, en Haute-Silésie, il fait couramment moins dix, moins quinze. Nous sommes rangées en colonnes par cinq, au garde-à-vous. Interdiction de bouger. La neige et le vent nous cinglent le visage. Pas même de quoi se moucher. Les soldates SS chargées de vérifier si le compte des déportées y est passent et repassent.

« Il faut aussi traîner dehors les corps des femmes qui sont mortes dans la nuit, pour que le compte soit exact. (N'étant au camp que depuis quelques jours, nous n'avons pas eu à déplorer de décès pendant le passage à la quarantaine.) Très vite, nous sommes transies de froid. Quand les gardiennes s'éloignent, nous en profitons pour frotter le dos de la camarade qui est devant. Après quoi c'est la camarade de derrière qui nous réchauffe. Les effectifs doivent rester sur place jusqu'à la fin de l'appel, qui est un des pires moments de la journée. Il est interdit de seulement taper des pieds. Nos jambes s'engourdissent.

« Dès les premiers appels, nous prenons conscience que nous ne sommes que des “stück”, des pièces, des morceaux. C'est par ces mots que nos gardiens nous désignent, exprès, pour nous convaincre de notre néant. L'appel ne sera terminé que quand les *Aufseherin* auront lancé le mot magique *stimmt* – le compte y est ! En quarantaine, nous pouvons enfin rentrer dans notre block. Plus tard, ce sera le départ au travail pour une journée de douze heures.

« Midi, c'est l'heure de la soupe qu'il faut rapporter de la cuisine. Je redoute chaque jour d'être désignée pour porter les énormes tonneaux ! Après l'appel du soir, on nous distribue un bout de pain, deux tartines de pain très noir, avec un petit morceau de margarine, ou un rond de saucisson ou une cuillère de marmelade très liquide. Plus tard, nous aurons droit à un supplément de pain le soir. Pas question de boire la nuit, l'eau n'est pas potable. La neige du camp est trop sale pour nous désaltérer. Puis c'est le couvre-feu, avec interdiction de sortir du block.

« Les nouvelles extérieures sont rares. Nous apprendrons le débarquement allié par les femmes des convois postérieurs au 6 juin. Nous saurons également la libération de Paris. Mais l'actualité du camp domine tout le reste. Par exemple, le drame d'Isabelle, une fille de bourgeois de province, vingt ans environ, qui est près de notre koya. Elle nous révèle un jour qu'à son arrestation elle était enceinte en cachette de sa famille. Comme sa grossesse (de trois mois) ne se voyait pas encore à l'arrivée au camp, elle n'a pas été exterminée, comme c'était la règle pour les femmes enceintes. Nous nous inquiétons pour elle. La chef de block s'aperçoit de son état et la fait partir aussitôt pour une autre baraque.

« Un dimanche – nous étions de repos un dimanche sur sept –, Isabelle vient nous voir avec le bébé dans les bras. L'enfant, un garçon, a un mois environ. Il n'est pas très chétif. Elle a trouvé de quoi l'habiller, le nourrir. Elle est toute joyeuse... Peu de temps après, elle revient nous voir, effondrée. Les camarades ont appris par elle comment on avait tué son bébé, devant elle ; mais elles me l'ont caché, sans doute pour épargner la cadette que j'étais. Nous n'avons plus jamais revu Isabelle. Je ferai des recherches à mon retour, parce que je l'aimais beaucoup. J'apprendrai qu'elle n'est pas revenue. Elle a dû mourir avant l'évacuation. »

Les kommandos

« Après la quarantaine, soit trois semaines plus tard, nous changeons de block. Les déportées sont dirigées vers divers kommandos. L'affectation se fait au hasard, à la tête des gens. La kapo vient, elle choisit les filles, elle les embarque. Les premiers temps, on préfère être prises, on pense que le temps passera plus vite en travaillant. Mais les premières requises nous expliquent que c'est dur, pénible. De toute façon, on n'a pas le choix. Il y a intérêt à être en bonne santé. Or on n'a aucune hygiène et, malgré la désinfection qui a lieu environ une fois par mois, on est infestées de poux. On n'a pas accès aux lavabos. On est trop nombreuses. En plus, il y a des femmes, des Ukrainiennes en particulier, qui monopolisent les postes d'eau. Dès la quarantaine, la dysenterie apparaît.

« Nous nous disons que si nous attrapons des boutons – les krätze, la gale, dont les Allemands ont la phobie –, on risque le pire. Nous apprenons qu'en plus de la sélection d'arrivée, il y a des sélections périodiques où l'on passe, seule, nue, devant des médecins qui relèvent les numéros des plus faibles et de celles qui ont des boutons. Elles seront conduites au “block 25”, d'où, après deux jours, elles seront envoyées à la chambre à gaz. Leurs cris et leurs gémissements étaient perçus dans les blocks voisins.

« Il était donc vital d'atteindre par tous les

moyens un point d'eau. En toute inconscience, deux sœurs arrivées de Reims et plus âgées que moi, Suzanne et Léa Schwartzmann, ont l'idée que nous ressortions après le couvre-feu pour gagner les lavabos. Une ou deux fois par semaine, nous nous faufilions dans le noir entre les baraques, au risque d'être surprises par les kapos ou vues des miradors, c'est-à-dire d'être battues... ou abattues. Seule, je n'aurais jamais osé le faire.

« Nous n'avons ni savon ni serviette, mais nous pouvons enfin nous laver à grande eau froide, avec tous les robinets pour nous. C'est un miracle que nous n'ayons jamais été interpellées. En tout cas, nous n'avons pas attrapé de boutons ! »

À part l'angine jugulée aussitôt et les pieds gelés lors des évacuations, Ida n'attrape aucune des maladies présentes au camp. Elle a l'impression de maigrir moins vite que ses amies. Elle se l'explique par sa bonne nature, son jeune âge et les provisions de santé accumulées par plusieurs années à la campagne, sans les restrictions des citadins.

« Chacune se raconte. Personnellement, je parle surtout de la vie d'avant la guerre. On trouve toujours plus malchanceux que soi. Les sœurs de Reims, par exemple. C'est une famille très nombreuse. Elles sont arrivées huit jours avant moi à Auschwitz avec dix frères et sœurs, plus les parents. Seule Suzanne a été sélectionnée à l'arrivée. Léa a voulu partir avec sa mère. Sa mère lui a dit de suivre plutôt sa sœur. Toute la famille a été poussée vers les camions, c'est-à-dire vers la mort immédiate. Les deux survivantes l'apprennent très vite. Sans y croire, d'abord, puis l'évidence s'impose. Dès qu'on commence à travailler, on s'aperçoit de la réalité. Les kapos ne nous la cachent pas. Quand elles nous comptent ou nous rouent de coups, elles répètent en allemand : "Ici, on rentre par la porte, et on sort par la cheminée !" Je comprends grâce à mon yiddish.

Même celles qui ne savent pas l'allemand l'apprennent très vite ! »

De toutes les histoires de camarades, Ida garde une place à part pour celle de son amie Liliane Badour.

« Liliane venait de Biarritz. Elle avait été arrêtée avec ses deux jeunes frères, de dix-sept et treize ans. Elle redoutait le pire pour eux. Ils étaient tous les trois orphelins de père et de mère. Liliane maternait ses frères depuis toujours. Son réflexe de grande sœur l'a poussée à me protéger. En réalité, j'étais plutôt mieux armée qu'elle, qui ne comprenait pas un mot d'allemand. Je lui traduisais les ordres des kapos tant bien que mal.

« Hélas, notre amitié allait s'interrompre brutalement. Un matin, au début de la quarantaine, une kapo surgit pour emmener des détenues dans un kommando qui manque de femmes. Au hasard, elle empoigne Suzanne, l'une des deux filles de Reims, en la séparant de sa sœur Léa. Toutes deux crient en même temps : “Je veux rester avec ma sœur !” Sans hésiter, Liliane s'offre à prendre la place de Suzanne pour que les deux sœurs restent ensemble. »

Malheureusement, Liliane sera embarquée dans le pire des kommandos. Durant plusieurs mois du rude hiver, elle travaillera à la pose des rails qui doivent permettre aux convois d'entrer dans Birkenau jusqu'aux crématoires. Faute de gants de protection, l'acier glacé des rails colle aux mains des travailleuses et cause des plaies qui ne cicatrisent pas. Plus tard, Ida retrouvera Liliane dans l'équipe de jour de l'usine Union Werke...

Avant la fin de la quarantaine, Ida se souvient d'une démarche particulièrement symbolique du besoin de récupérer de la dignité.

« Avec Suzanne et Léa nous partageons notre maigre portion du soir. C'est réconfortant de partager, si peu que ce soit. Mais nous n'en pouvons plus d'être obligées de laper la soupe comme des animaux. Nous nous “organisons” pour nous procurer des cuillères. Le tarif du troc est une ration de pain contre une cuillère. Il nous faut tenir avec deux rations pour trois, plusieurs soirs de suite, jusqu’à ce que chacune ait sa cuillère. On n’imagine pas combien cet objet nous était précieux, le seul que nous posséderions. La dignité que nous rendait une simple cuillère avait un tel prix que nous étions prêtes à le payer d’une privation supplémentaire ! »

Vers les kommandos

Les envois en kommando interviennent au bout de trois ou quatre semaines de quarantaine. Il y a le kommando des pierres et le tri des pommes de terre gelées, dont Ida fera partie. Il y a également le tri des chaussures et des vêtements confisqués aux arrivants (l'endroit s'appelle le « Canada »), ainsi que leurs provisions. Le cher colis d'Ida, qu'elle n'a jamais revu, a dû passer par là, et trouver preneur ! En attendant les affectations, le temps se passe à se présenter l'une à l'autre et à évoquer tour à tour des souvenirs susceptibles de redonner du courage à chacune.

Le premier kommando est celui dit « des pierres ». Si encore il s'agissait de terrassement dont on verrait l'utilité, la progression ! Le seul but intelligible du chantier est d'épuiser, de décourager, de dégrader, d'humilier. On porte les tas de cailloux énormes d'un bout à l'autre de la carrière sur des bâtis en planches, et on refait le trajet inverse. Cela dure douze heures par jour, de six heures du matin à six heures du soir.

« Je n'ai pas retenu les dates précises. Je sais que nous sommes en hiver, et que l'hiver se prolonge jusqu'en mai. Après, je suis envoyée au commando des "patates". Cela se passe sous un hangar à claire-voie. Il y a d'immenses tas de pommes de terre gelées. On doit trier les moins pourries ; en vue de la soupe, en principe, mais la kapo ne remue jamais le fond de la bassine, pour partager le plus épais avec les autres gardiennes. En surface, il ne reste que quelques choux. Cette frustration ajoute au pénible de la corvée. »

Le kommando des patates est l'occasion d'un « gag » mémorable.

« La fille formidable dont j'ai déjà parlé, Hélène (elle a survécu et elle est morte il y a plusieurs années), décide de planquer sous ses vêtements des pommes de terre qu'on espère bien se faire cuire en douce. Je crains les représailles. Elle s'entête. Elle met des pommes de terre dans ses manches, ses poches, partout où elle peut... Et naturellement, c'est elle qui est fouillée la première. Elle est battue, et les patates tombent une à une sous les coups, en quantités ahurissantes. La kapo, folle de rage en voyant tout le tas de pommes de terre qu'Hélène avait osé prendre, se déchaîne sur elle, et les patates continuent de tomber. On dirait un film de Chaplin. Nous sommes prises d'un fou rire nerveux dont nous nous cachons. Après la grêle de coups de bâton, nous supplions Hélène de ne jamais recommencer. C'en sera fini de la resquille !

« Après deux mois environ, nouvelle sélection. Au lieu de relever les numéros des plus maigres pour les envoyer à la chambre à gaz, le médecin note ceux des filles les mieux portantes. Après un long moment d'inquiétude, nous nous apercevons que nous sommes du bon côté. J'en fais partie. Il est donc capital que nous bombions le torse, que nous nous pincions les joues pour les faire rosir. »

Contrefaire la santé sous peine de mort, alors qu'on se sent dépérir ; « porter beau », « faire honneur » à ses bourreaux : tout se passe comme si le système sécrétait spontanément ces raffinements sadiques, en plus des tortures programmées... On notera cette cruauté du camp, parmi tant d'autres : faire qu'à quatorze ans, une enfant considère comme une chance d'aller travailler en usine !

Mala, l'exemple !

Impossible d'oublier l'histoire prodigieuse de Mala, qui se situe un soir d'août 1944, alors que nous sommes encore à Birkenau.

« L'appel s'éternise. Les *Aufseherin* (les surveillantes SS) n'en finissent pas de compter et de recompter nos rangs. Visiblement, une panique s'est emparée d'elles. La raison de cet affolement nous est enfin connue : "C'est Mala qui manque !" Nous exultons. La réputation de Mala s'est répandue dans tout le camp. Il nous semble que si Mala a réussi à s'évader, elle avertira le monde entier de ce que nous subissons, et on viendra nous délivrer ! Nous n'imaginions pas que les grands de ce monde "savaient" !

« Mala est une jeune fille juive d'origine polonaise qui est arrivée de Belgique par un transport de septembre 1942. Très intelligente et douée, elle parle cinq langues – yiddish, polonais, néerlandais, français et allemand. Elle a d'abord été interprète, puis *Laüferin*, sorte de "coursière" à l'intérieur du camp, qui portait des documents pour les Allemands, d'un camp à l'autre, ce qui lui permettait d'accéder au camp des hommes.

« Par ses dons exceptionnels, elle a gagné la confiance des SS. Elle met son influence au service de toutes les détenues, pour un changement de kommando ou autres services. Elle est devenue pour nous toutes un mythe. Nous l'appelons "Mala la Belge".

« Trois ou quatre semaines après son évasion, toujours à l'appel du soir, nous découvrons qu'une potence a été dressée sur la place. Un SS est posté à côté. Des gardiens amènent Mala. Nous la croyions sauvée. Cette apparition nous apprend qu'elle a été reprise. C'est un choc abominable ! Mala sort une lame de rasoir dissimulée dans ses vêtements et commence à s'entailler l'artère du poignet. Le SS essaie de lui arracher la lame des mains. Mala le gifle de sa main ensanglantée. Elle s'adresse à nous en criant : "Courage, c'est bientôt la fin !" Aussitôt, d'autres gardes accourent et la rouent de coups. Ils sont fous furieux, comme défiés par cette tentative sans équivalent. Mala mourra dans la charrette qui l'emportera vers le crématoire.

« Après la guerre, on apprendra que, lors de ses missions à l'intérieur du camp, elle a fait la connaissance d'un Polonais non juif, Edek. Ils sont tombés amoureux l'un de l'autre. C'est ensemble qu'ils ont préparé leur évasion. Edek travaillait comme installateur de conduites d'eau, ce qui lui permettait de circuler dans le camp. C'est grâce à d'autres prisonniers polonais et à une aide extérieure que leur plan a réussi. Hélas, une patrouille les a arrêtés dans les montagnes de Ziwiec et conduits à la prison de Bielsko ; d'où on les a ramenés à Auschwitz, au sinistre block 11, réservé aux tortures.

« Les derniers instants de Mala sont restés dans toutes les mémoires comme un symbole de courage, qui nous a à la fois terrassées et soutenues. »

Autre drame dans le drame : tandis qu'arrivaient en masse les Juifs hongrois, en juillet-août 1944, les Tsiganes parqués en famille près des crématoires de Birkenau (plus de vingt mille) ont tous été gazés en une nuit !

L'usine

Après le kommando des « patates », celui de l'usine.

« Bien que les conditions soient moins dures (hangars clos et chauffés), le fait de travailler dans la fabrique d'armement qu'est l'Union Werke nous déplaît. Mais les Françaises qui y sont déjà nous remontent le moral en nous disant que "ce n'est pas avec ces quelques grenades que l'Allemagne gagnera la guerre". Au lieu de kapos, nous avons affaire à des contremaîtres civils. Le directeur, M. Samson, envoie les plus jeunes d'entre nous, dont moi, à la table où nous travaillons assises. Il s'agit d'ajuster des ressorts dans des logements de détonateurs en bakélite.

« Nous saurons plus tard qu'il s'agit de mécanismes de grenades. Les déportés occupés au contrôle des pièces essaieront d'en saboter, et de graves sanctions s'ensuivront. Nous arrivons à parler un peu, à voix basse. Nous ne sommes pas battues. Nous avons droit à des toilettes "normales". Parmi d'autres "chances", nous devrons peut-être à ce kommando d'être revenues !

« D'autant plus que nous sommes restées entre copines. Moralement, c'est capital. Si une nuit l'une d'entre nous fait des cauchemars, désespère de l'avenir, il y a toujours au moins une voisine qui la remonte : "Tiens le coup, tu verras, on s'en sortira !"

« Imagine-t-on le prix d'un simple sourire ? Celui de Régine Blumen reste gravé en moi. C'est en arrivant à l'usine que j'ai connu Régine. Elle faisait pourtant partie de mon convoi. Elle travaillait dans une autre division que moi, mais pour se rendre aux toilettes elle passait devant la table de montage et nous faisait à chaque fois un petit sourire plein de tendresse, pour nous encourager. On n'a pas idée du réconfort que cela nous procurait. Régine était une jeune maman. Elle avait une petite fille de quatre ans, qu'elle avait cachée chez une nourrice dans la banlieue parisienne. Elle répétait sans cesse : "Il faut que je revienne, je veux retrouver ma fille, elle a besoin de moi." Je suis sûre que c'est cette idée fixe qui lui a donné la force de survivre ! »

Des codétenus se sont-ils comportés d'une façon moins sympathique et, pour tout dire, critiquable ?

Ida hésite à répondre. Elle voudrait qu'il n'en ait rien été. La vérité est autre. Elle se refuse à juger. Les circonstances étaient plus qu'« atténuantes », comme on dit dans les procès. Mais à quoi bon laisser croire que « tout le monde il était gentil »...

Histoire d'un pull gris

« Cela se passe fin août 1944. Un jour, en me rendant aux toilettes, je croise un jeune Français que je reconnais au F inscrit dans son étoile de déporté "racial" (les Belges portaient un B, les Hollandaises un H, etc.). J'ai l'impression de le connaître d'avant la guerre, malgré son crâne rasé. Après coup, je me souviens que c'est le fils de maroquiniers de Clichy que connaissent mes parents. Son nom me revient, Jean G. Je dis aux copines qui travaillent au contact des prisonniers hommes de se renseigner sur la présence parmi eux d'un certain Jean G. L'information me revient aussitôt : "C'est bien lui, son père t'attend demain, à neuf heures, à la pause casse-croûte des contremaîtres." (Nous, le matin, il ne nous restait jamais de pain, nous l'avions englouti la veille.)

« Le lendemain, je me glisse dans la division indiquée, bien qu'il me soit interdit d'y pénétrer. Un homme grisonnant vient vers moi. Son fils ne lui a pas dit le nom de la déportée qui l'avait "repéré". Il est pressé de le savoir. Nous nous reconnaissons l'un l'autre.

« — C'était donc toi, Ida ?... Ton père te cherche.

« Mon père ? Ici ? C'est soudain le vertige. Ma gorge se noue. Moi qui n'ai pas pleuré ou presque depuis l'arrivée au camp, je fonds en larmes. Je ne peux plus m'arrêter. Je suis incapable de lui demander depuis quand mon père est là, où il se trouve. M. G. est plutôt vague. Mon père serait là depuis une quinzaine de jours. Il me chercherait.

« La pause se termine sans que je puisse obtenir de précisions. Je retourne à ma table de travail. Toujours en sanglotant, je raconte à mes camarades ce qui m'arrive. Elles compatissent. Me voyant pleurer sans arrêt, le *Meister* (contremaître) s'approche et me demande :

« — *Was ist den loss ?* (Que se passe-t-il ?)

« En reniflant, je lui explique dans mon allemand approximatif que je viens d'apprendre que mon père est au camp, alors que je le croyais en France, en liberté. Le contremaître me coupe :

« — Il est interdit de pleurer. Ça rouille le matériel !

« Je n'arrive pas à me calmer. Survient alors une contremaîtresse, qui me pose la même question. Le Meister lui explique la raison de mon chagrin. De son bureau vitré, le directeur de l'usine, M. Samson, a vu la scène. Il s'approche de nous et demande à son tour :

« — *Was ist den loss ?*

« Je suis incapable de lui répondre. Le Meister lui raconte ce qui se passe. Le directeur n'hésite pas une seconde :

« — Qu'elle me communique le numéro de son père, dit-il, je le ferai rentrer à l'usine et elle le verra.

« Une initiative presque "humaine", en pleine inhumanité ! Je n'en reviens pas. Je reprends espoir. Le lendemain matin, je retrouve le père G. Je lui fais part de la promesse du directeur. Il hausse les épaules, et il me dit :

« — Réfléchis ! Ton père est tailleur, il ne pourra jamais travailler à l'usine !

« Je trouve instantanément l'objection :

« — Croyez-vous que ceux qui travaillent ici

sont tous ouvriers métallurgistes ? Papa sera mieux ici que dans un kommando extérieur !

« G. ne m'écoute pas. Quand je le revois, quelques jours plus tard, il ne me communique pas le numéro de mon père. Il me dit seulement que papa a froid, et qu'il voudrait bien que... je lui procure un pull-over !

« Qu'à cela ne tienne : je file au “Canada”, le dépôt où des privilégiées trient les vêtements et bagages confisqués aux nouveaux arrivants. Une fille française plus âgée que moi de plusieurs années (je la rencontrerai au retour des camps, mais elle se gardera bien de me reconnaître !) exige deux rations de pain et une de margarine pour prix d'un pull-over. Elle aurait pu m'en faire cadeau, probablement, mais bon !... Qu'est-ce que je ne ferais pas pour venir en aide à papa ! Je rassemble le montant du troc. Des copines me filent une part de leurs rations. Le compte y est. Triomphante, le lendemain, je remets au père G. le produit de nos privations.

« Le père G. que je ne reverrai jamais. Sinon au détour de l'usine, vêtu... du précieux pull gris ! »

« Le salaud ! » a-t-on envie de crier.

« Ce n'est pas à lui que j'en ai voulu, souligne Ida, ni à la fille du “Canada” ; c'est à nos bourreaux, d'avoir poussé certaines natures à des extrémités qu'elles n'auraient pas atteintes sans eux. »

Cela est dit sans ostentation. Posément. Une évidence. Avant d'enchaîner aussitôt, comme pour compenser l'ombre au tableau par un exemple de grandeur lumineuse. Le voici.

L'explosion d'un crématoire

« On a beaucoup dit qu'aucune révolte n'avait été tentée au camp : c'est faux ! Il y a eu l'insurrection organisée de Sobibor, menée par un officier soviétique, Sachko, en octobre 1943, qui a permis à cinquante hommes de rejoindre les partisans biélorusses. À Auschwitz, c'était plus difficile. Les SS et leurs chiens réagissaient à la moindre incartade. Peu d'entre nous parlaient le polonais ou l'allemand. C'est pourquoi la révolte des sonderkommandos et l'aide apportée par quatre femmes de l'usine ont fait notre admiration, et son échec notre désespoir. »

Les sonderkommandos sont des kommandos spéciaux, cinq à six cents hommes, chargés de sortir les corps après le gazage, et de les transporter sur des chariots vers les crématoires. Pour qu'ils ne puissent pas témoigner plus tard, ils sont supprimés tous les trois mois. Ils le savent en y entrant. Sans doute espèrent-ils que la fin de la guerre interviendra avant leur liquidation. De toute façon, ils n'ont pas le choix. S'ils refusent, ils sont tués sur place. On a appris que certains ont dû charrier des membres de leur propre famille. Très peu d'entre eux ont survécu.

Tant qu'à disparaître, l'idée leur vient, courant septembre 1944, de faire sauter le complexe chambre à gaz-crématoire numéro 4. Pour cela, il leur faut de l'explosif. Des complices se glissent auprès de Juives polonaises travaillant au dépôt de poudre de l'usine Union Werke. Le 7 octobre, les hommes de la rébellion ont jugé qu'ils disposaient de suffisamment de poudre. L'explosion a eu lieu, rendant le crématoire inutilisable.

Plusieurs centaines de prisonniers du kommando ont été fusillés. Les gardiens n'ont pas eu de mal à repérer les femmes qui avaient volé la poudre. Ida n'a rien oublié :

« Une kapo est venue les chercher au block, courant octobre. On n'a pas su ce qui s'était passé. Les filles ont été torturées dans la prison du camp, le block 11.

« Un soir de janvier 1945, notre équipe de jour qui rentrait du travail a été convoquée comme pour un appel. Devant nous avait été dressée une potence avec deux cordes. Le chef du camp en personne, un certain Bauer, a fait un long discours. Il a dit textuellement : “Si vous obéissez, il ne vous sera fait aucun mal, mais voilà ce qui vous attend si vous désobéissez.”

« On a dû assister à la pendaison de deux des filles. Les deux autres ont été exécutées devant l'équipe de nuit. Ça m'a marquée plus que tout. On n'a su qu'après ce que les filles avaient fait. On était priées de regarder la scène. J'ai fait semblant, en détournant le regard. Les filles n'ont rien dit. Elles n'ont pas eu le temps. Mais le bruit de la corde qui craque...

« Une plaque rappelle leur supplice sur un mur du block juif d'Auschwitz, ainsi qu'une stèle au Yad Vashem de Jérusalem. On y lit leurs noms : Ala Gertner, Roza Robota, Regina Safirsztain, Estera Wajcblum. Sans cet acte de révolte, nos camarades auraient sans doute survécu, puisqu'elles avaient tenu le coup jusque-là. En novembre, les Allemands allaient faire sauter les autres crématoires, selon les consignes SS de ne pas laisser de traces... » (Cette précaution prouve, par parenthèse, qu'ils avaient conscience de mal faire, qu'ils craignaient d'être convaincus de crime !)

Autre souvenir de l'Union Werke : la visite, en 1944, de Himmler, qui avait la haute main sur tous les camps. C'était sa deuxième inspection ; lors de la première, celle de 1942, il avait trouvé que les gazages n'allaient pas assez vite.

« La visite à laquelle j'ai assisté a été annoncée comme un événement, sans que nous connaissions au juste les fonctions du visiteur. Il fallait briquer les ateliers de fond en comble. Quelques jours plus tard, le dignitaire nazi est arrivé, entouré d'au moins une dizaine d'officiers. Il ne s'est pas arrêté à notre table. Il est allé inspecter d'autres divisions, probablement là où les grenades sont achevées. Quand le cortège d'officiels est passé devant nous, dans un froissement d'imperméables, sur toute la largeur de l'allée, j'ai eu l'impression sinistre d'un vol de corbeaux. Nous baissions la tête en silence. Je l'ai à peine aperçu. »

Il y a eu au moins une autre visite qu'Ida tient à mentionner tant elle en a gardé d'indignation.

« N'oublions pas que la Croix-Rouge est venue à Birkenau. Nous ne l'avons pas vue, car nous étions au travail. Mais elle me reste, aujourd'hui encore, en travers de la gorge. Comment la délégation ne s'est elle pas rendu compte de ce qui se passait dans le camp ? Étaient-ils naïfs à ce point ? Pourquoi n'ont-ils pas cherché à savoir ? Aucune réponse. Silence accablant. »

Une série de chances inouïes

Qu'est-ce qui a fait que certaines sont revenues et pas d'autres ? La question est souvent posée à Ida lorsqu'elle témoigne devant des scolaires. Il n'y a pas de réponse générale. Ida ne cesse de répéter qu'elle a bénéficié de « chances inouïes ». Qu'est-ce à dire ?

« D'abord, la chance de ne tomber malade qu'après l'évacuation. Si on devait aller au Revier, c'était foutu ! La souffrance morale nous minait de façon plus complexe. Elle s'amplifiait à force d'humiliations accumulées : les latrines collectives, le froid, la faim, les dégradations. On ne s'habitue pas à faire ses besoins devant tout le monde, à ne pas se laver, à sentir mauvais, à être insultée du matin au soir. Le secret de notre “victoire”, Geneviève de Gaulle l'a bien dit, c'était de rester dignes à tout prix, de ne pas se laisser avilir, de résister ensemble à la tentative de déshumanisation systématique.

« Mon jeune âge a été un atout. À quatorze, quinze ans, l'instinct de vivre est plus puissant que quelques années après. Avec inconscience, on s'accroche. Le fait d'avoir laissé des enfants en France pouvait donner un surcroît de force, mais il risquait aussi d'accentuer le découragement. Perdre le moral équivalait à se laisser mourir dans de brefs délais. Sans la volonté de tenir, on lâchait prise, on s'écroulait. Je maintiens que ça devait être plus dur pour les femmes de trente ou trente-cinq ans déjà installées dans la vie que pour les adolescentes comme moi ! »

Bien sûr, Ida n'a jamais su ce que c'était d'avoir quatorze, quinze, seize ans quand on est libre de sa vie. Ces années-là lui ont été volées à jamais. Mais elle est formelle :

« L'énergie propre à ces âges de l'existence a sans doute décidé de ma survie. »

« La marche de la mort »

« 18 janvier 1945. C'est l'hiver et sa glace. Nous rentrons du kommando en usine. On nous distribue la ration habituelle. Et soudain, la chef de block lance la nouvelle : évacuation, on va partir, on ne sait où et sous bonne garde, mais c'en est fini d'Auschwitz ! Je n'ai pas souvenir que nous jubilons. On nous a trop trompées depuis plus d'un an. Ne s'agit-il pas d'une ruse de plus ? »

Ida et ses camarades ignorent par où passent les lignes de front, à l'Ouest comme à l'Est. Elles n'ont pas appris que la France était totalement libérée, que Leclerc est entré à Strasbourg fin novembre, que Pétain et Laval se sont réfugiés en Allemagne. Brasillach va être exécuté, Dresde va être bombardée, mais elles ne sauront que bien plus tard comment le sort de la guerre a basculé, comment les traîtres et les héros ont affronté l'Histoire. Pour l'heure, une seule certitude : elles entendent le canon, là-bas, vers l'est. Ce sont donc les Russes, en principe, qui vont les délivrer.

« Évidemment, ça nous remplit de bonheur. Mais l'expérience nous a appris à nous méfier des fausses joies. Vont-ils nous faire sauter avec le camp, comme le bruit en a couru ? À chaque heure sa peine, sa surprise. Le fait est que l'annonce d'un départ groupé sent le grand renversement que nous attendons toutes. Pourvu que les plus affaiblies tiennent le coup pour le temps qui nous sépare de la liberté ! »

Les Allemands font le tour des Revier, ces pseudo-infirmeries où, à défaut d'être soignées, les grandes malades sont exemptées de travaux. Celles qui peuvent encore marcher doivent rejoindre les blocks de « valides ». Par malheur, certaines parmi les plus faibles ont tenu à quitter les Revier dans la crainte que les SS ne s'apprêtent à faire sauter le camp, et les forces leur ont manqué.

La nuit est claire. Ida et ses camarades piétinent devant la baraque, par un froid glacial.

« Vers dix ou onze heures du soir, nous partons. Nous avons le droit d'emporter des couvertures. J'en prends une sur mes épaules, mais je la jetterai dès la première halte.

— Pourquoi ?

— Elle était trop lourde à porter. »

Pour renoncer à cette protection contre le froid, et qui leur paraissait si légère dans les koyas, fallait-il que leurs forces aient décliné !

Des hommes ont tenté de s'évader des rangs, mais Ida n'a pas eu connaissance que des femmes aient essayé de fuir. Ne parlant pas le polonais, elles auraient eu peu de chance de se fondre dans la population. Liliane a fui l'infirmerie malgré des oreillons qui lui déformaient le cou. Par miracle, elle n'a pas craqué.

Sortir d'Auschwitz ! Pour évoquer cet événement prodigieux, rien que pour prononcer ensemble ce verbe et ce complément, Ida retrouve la jubilation incrédule qui fut la leur sur le moment :

« Il faut imaginer ce qu'il y a, pour nous, d'ahurissant à repasser dans un sens qu'on n'espérait plus, vers la liberté, le fameux portail annonçant *Arbeit macht frei*. Nous ignorons ce que va être l'avenir immédiat, ce qui nous attend le lendemain, mais le seul fait de sortir du camp, sor-tir-du-camp !!! nous remplit d'un espoir insensé !

« J'ai des chaussures trop fines qui me serrent, ce qui provoquera mes engelures et mon commencement de nécrose. Les kapos ont disparu. Nous ne sommes plus encadrées que par des SS et des réservistes de la Wehrmacht. Aucun d'eux ne nous renseigne sur notre destination. Au fond, ils emmènent leur main-d'œuvre avec eux. Certaines parmi les plus valides retravailleront après Auschwitz. Personnellement, je serai trop malade pour le faire.

« Si nous ralentissons le pas, les coups de crosse pleuvent. Celles qui tombent sont abattues. Le talus de la petite route est jonché de cadavres. Une nuit, nous nous abritons dans une grange ; une autre nuit, nous trouvons place dans une étable où, je me souviens, une vache s'est détachée... Nous ne sommes pas ravitaillées du tout. J'ai eu la chance – toujours elle – de partir avec mon amie Fanny Wegliesszewski, à qui sa cousine avait apporté un pain avant l'évacuation. Tant que je suis restée avec elles, elle a partagé ce pain avec Louise et moi. Ensuite, nous avons été séparées.

« Je tiens énormément à ce détail. Il a pris une place immense dans mes souvenirs. C'est peut-être grâce à ces petites tartines que j'ai pu tenir le coup !

« Après, il ne restait plus que la neige, pour se déshydrater. La fille qui se trouvait au bord du rang attrapait de la neige et nous en passait. Nous soutenions celles qui s'effondraient. Malgré mon mal aux pieds, je marchais comme une automate. Chaque pas était une affaire de survie. C'était "marche ou crève" ! Cet épisode méritait son nom de "marche de la mort", car cinquante pour cent des effectifs sont morts en chemin, d'épuisement ou abattus. Quand une camarade faiblissait, on la mettait au milieu de la rangée pour la soutenir et la cacher au regard des gardes. C'était à tour de rôle.

« Au bout de soixante-dix kilomètres parcourus en trois jours et trois nuits, nous sommes arrivées dans une ville dont le nom m'a échappé. (Il devait s'agir, paraît-il, d'un nœud ferroviaire appelé Loslau, à la frontière de la Silésie et de la Moravie.) C'est là qu'on nous fait monter dans des wagons à plate-forme, découverts, et qui servent probablement au transport du charbon. Nous sommes encore plus serrées que dans le convoi de Bobigny à Auschwitz. Beaucoup ne peuvent même pas s'asseoir. J'y suis arrivée, mais des bagarres éclatent pour les places. Nous sommes à bout de forces et de nerfs. Certaines "pètent les plombs", comme on dit aujourd'hui. Seul intérêt du manque de toit : pendant le trajet d'au moins deux jours vers Ravensbrück, nous n'avons rien à manger, nous devons nous contenter d'ouvrir la bouche pour happer des flocons de neige. »

Escale à Ravensbrück

« Nous arrivons à Ravensbrück vers le 25-26 janvier. Nous en repartirons le 14 février. Le camp est surpeuplé, désorganisé. Plusieurs camps de femmes ont été dirigés là. On a dressé une immense tente. Beaucoup dorment par terre. Je me retrouve dans une baraque en dur, je ne sais pourquoi.

« Nous ne travaillons pas. Le typhus fait des ravages. Mes doigts de pied ont éclaté. Je peux à peine marcher. Si j'avais été dans cet état pendant la “marche”, je n'aurais pas pu finir le trajet, ma vie se serait achevée au bord de la route. J'attends la suite, sans soins, seule Française.

« Nouvelle chance, celle-là improbable, luxe ahurissant : la désorganisation des SS nous vaut de repartir vers Neustadt dans un train de voyageurs. Nous ne sommes plus entassées. Je me souviens qu'une fille chante. Ces conditions nous redonnent le moral, bien que j'aie perdu de vue toutes mes copines. Je ne sais plus avec qui s'effectue ce dernier trajet. La marche, la faim ont fait de nous des zombies. Et pourtant – ces hasards ne sont pas si rares, dans les déplacements – j'ai aperçu à Ravensbrück les deux sœurs dont j'ai parlé. Régine et Claudine, elles, ont disparu. Je ne retrouverai Liliane et Claudine qu'à Neustadt.

« Arrivées à Neustadt, nous sommes dans une sorte de grange. Mon typhus se déclare. Je délire toute la nuit. Je ne tiens pas debout. Liliane m'emmène au Revier. Il n'y a pas de place. Le surlendemain, nous retentons notre chance au Revier. Une femme est morte dans la nuit. Sa place se trouve libre, et, nouveau miracle, l'infirmière polonaise qui va s'acharner à me sauver s'appelle Wanda ! »

Le miracle des miracles

Encore un miracle, le plus étonnant de tous : l'apparition de Wanda. Elle se passe au Revier de Neustadt, où Ida séjourne du 14 février au 2 mai. Ida a eu les pieds en partie gelés lors de la « marche de la mort ». Un peu plus elle tombait en route, et c'était la rafale réservée aux trop faibles. Ida explique :

« À l'infirmerie, nous ne travaillons plus, mais on ne nous soigne pas. Nous sommes abandonnées entre la vie et la mort. La gangrène allait-elle gagner tout le pied ? Soudain, une infirmière polonaise portant le triangle rouge des déportées politiques se penche au-dessus de moi (j'apprendrai qu'elle a été une grande résistante dans l'armée secrète polonaise et qu'elle restera dans la clandestinité sous l'occupation soviétique, ce qui lui vaudra un "rab" dans les prisons communistes !).

« Je ne vois d'abord que son chignon. Elle a échappé aux rasages. Je ne savais plus ce que c'était, des cheveux longs. Pour moi, c'est synonyme de liberté. Wanda – je ne connais alors que son prénom – ne parle pas français. Mais j'ai une certaine facilité pour assimiler les langues. Au montage de l'Union Werke, je voisinais avec des Juives polonaises, qui m'entraînaient. Il m'en est resté des bribes de polonais. La sympathie passe, et très vite l'affection. »

Avec des trésors de compétence et de prévenance, Wanda applique à Ida l'expérience médicale qu'elle a acquise auprès d'un orthopédiste. Elle alterne les bains chauds et froids pour que la circulation se rétablisse. Elle s'est procuré du permanganate de potasse pour activer l'effet des bains. Elle improvise des pansements avec des bandes de papier. Ida décrit son sauvetage avec autant d'émotion reconnaissante que si c'était hier :

« Wanda trouve de quoi me nourrir. Comme je ne peux pas avaler le pain noir et dur, elle me fait manger des soupes à la pomme de terre préparées par ses collègues avec des oignons frits. Elle m'oblige à m'alimenter. Elle y met la sévérité des mères : "Si tu veux rentrer à la maison, me répète-t-elle, il faut absolument manger !" Bref, elle me sauve la vie !

« Le typhus me fait délirer. Il paraît que, dans mes moments d'inconscience, je parle polonais. Je me souviens d'avoir crié : "Vive la France !" Les premiers temps, Liliane est venue me voir. Mais bientôt, l'épidémie était si forte qu'on a isolé du reste du camp le Revier où je me trouve. Il était interdit de s'en approcher. D'où la fin des visites, et le délai avec lequel nous serons libérées.

« Nouveau rebondissement inimaginable : parmi des inconnues, je retrouve mon amie Claudine. Elle est en haut du châlit, en face de moi, et moi en bas. J'ignore depuis quand elle est là. Elle non plus ne le sait pas. Elle a le crâne rasé, comme moi, sûrement en raison du typhus car nous sommes couvertes de poux et c'est par eux que se propage l'épidémie. De nous retrouver de cette façon si imprévue nous comble de joie. Nous serons rapatriées par le même avion. Seule la mort, il y a quelques années, a pu nous séparer.

« Jusqu'à ma libération, la chaîne des chances joue en ma faveur. Le camp de Neustadt se trouvant en Allemagne, et non plus en Pologne, il ne comporte pas de chambre à gaz. On n'y pratique pas de sélections. Il y a eu l'aide inespérée de Wanda au Revier. Et maintenant Claudine ! Si j'avais eu le typhus deux mois plus tôt, j'étais fichue. »

Le 30 avril 1945, les Allemands s'enfuient. Les « filles » se retrouvent seules dans le camp déserté, où elles seront restées du 14 février au 2 mai. Les voilà condamnées à attendre elles ne savent quoi, grabataires ! Claudine, qui voit tout, du haut du châlit, a surpris les Allemands en train de brûler des archives avant de s'enfuir. Wanda leur a dit au revoir et a disparu. Plus personne dans le camp, plus rien à manger. La captivité sans barreau ni bourreau. Du temps suspendu !

« Hello ! »

« Et soudain, le 2 mai précisément (nous ne perdions pas de vue les dates, au fond de nos têtes !), je lève les yeux, de mon châlit du bas, et je vois... trois soldats américains ! Dans mon souvenir, ils sont immenses, un mètre quatre-vingt-cinq, un mètre quatre-vingt-dix. Ils portent des casquettes, des tenues qu'on croirait sorties tout droit du pressing. Nous les contemplons, médusées. Nous les trouvons magnifiques. Eux ont l'air étonné de notre présence, et de notre état.

« — Hello ! disent les soldats.

« — Hello ! répondons-nous.

« La conversation s'arrête là. Les militaires ne savent pas un mot de français, ni nous un mot d'américain. Pas de médecin parmi eux. Ils sont en reconnaissance. Dans leur regard, l'étonnement se change en compassion devant les enfants que nous sommes – dix-huit et quinze ans, dont quinze mois de camp ! Leur premier geste est de vider leurs poches des chewing-gums et des chocolats que contiennent leurs rations. Après quoi, ils repartent comme ils sont venus, sans un mot.

« Nous croyons qu'ils vont informer leurs supérieurs, et chercher des secours qui ne tarderont pas à venir. Il n'en est rien. Une journée s'est passée, et la matinée du lendemain, sans que personne vienne. Forte de ce qu'elle peut encore marcher, et pas moi qui suis terrassée par mon typhus "exanthématique", ma voisine de châlit, une résistante du nom de Ginette, décide que, puisque les Allemands sont partis et que les Américains ne s'occupent pas de nous, elle va chercher elle-même du secours.

« Elle se rend à la ville de Neustadt-Glewe, qui n'est, heureusement, qu'à deux kilomètres. Là, elle tombe sur des soldats russes qui viennent d'arriver. Sans le savoir, nous étions exactement au point de jonction, sur l'Elbe, des Américains et des Soviétiques. Ginette se débrouille pour faire comprendre par gestes à ces derniers qu'il y a des malades à secourir ; et dans l'après-midi, j'ai vu arriver des Russes équipés de grandes... brouettes. »

Ida n'est pas peu fière. Pour une fois, elle crânerait presque :

« Tout le monde n'a pas eu cet honneur : je peux me vanter d'avoir été libérée en brouette ! »

Les Russes les installent dans un hôpital réquisitionné, d'où elles voient sortir – sans trop de pitié, précise Ida – des Allemands soutenus par des béquilles et couverts de pansements.

« Nous sommes royalement installées dans de petites chambrées. La première chose qui me fait chaud au cœur, c'est de disposer de draps. C'est un luxe oublié depuis mon arrestation. La première sensation de liberté, ce sont ces literies toutes propres ! Peut-être ce fut une chance, une de plus, d'être libérées par les Russes, plutôt que par les Anglais, car j'ai su ensuite que des camarades avaient été nourris trop tôt de corned-beef et en sont morts, de dysenterie. Sans doute les Russes ont-ils eu déjà à soigner d'autres prisonniers. Ils ont la sagesse de nous réhabituer lentement à une alimentation normale, en dosant les soupes de moins en moins claires, les céréales, les fortifiants, les piqûres de vitamines.

« Au bout de trois semaines environ, on demande aux Françaises, aux Belges et aux Hollandaises de s'inscrire pour être rapatriées prochainement. Je m'inscris, et d'un seul coup, je pense que Claudine, qui se trouve dans une chambre isolée (car elle est encore plus malade que nous), ne sera peut-être pas informée de ce rapatriement. Je décide d'aller la prévenir, mais je ne peux encore me tenir debout. Alors, je rampe sur les fesses dans les couloirs carrelés de l'hôpital, et j'avance en glissant par petits mouvements. Claudine m'accueille avec joie et me remercie de la bonne nouvelle.

« On aurait bien fini par la trouver, mais j'avais peur qu'elle ne soit pas au courant à temps. Il fallait à tout prix rentrer ensemble ! Elle s'en souviendra et racontera la scène à ses petits-enfants, qui y verront un "exploit". Pour eux, je resterai celle "qui a sauvé mamie" ! »

Après une semaine de plus en zone russe et un régime approprié, il leur est proposé de partir en camions. Elles refusent, avec la netteté de bêtes traquées. Pour elles, les camions symbolisent toutes les menaces :

« — Les camions : pas question !

« Les soldats nous rassurent : la guerre est terminée, nous n'avons plus rien à craindre. Nous finissons par accepter d'aller par la route à Lunebourg, en zone franco-britannique. Un médecin français envisage de nous placer dans un hôpital en Allemagne. Claudine et moi nous mettons à pleurer comme les gamines que nous sommes. Nous supplions de rentrer en France. Il nous semble que les dangers n'auront pas vraiment disparu tant que nous n'aurons pas repassé la frontière.

« Rentrer en train ? Le médecin français s'y oppose : vu mon état, je risquerais de ne pas supporter le voyage, qui a pris parfois deux semaines et auquel des camarades ont succombé. Il promet en revanche que les premières places d'avion seront pour nous. Et dans la soirée – toujours l'enchaînement des chances ! – un avion militaire repart à vide vers Le Bourget. Il s'agit d'un Dakota de l'armée canadienne. Nous y embarquons sur des brancards, avec je ne sais plus quels vêtements offerts par les Russes, et un turban pour cacher nos crânes chauves... »

« Revoir Paris »

Pendant le vol, autre vision mémorable : un steward sort du cockpit et se penche vers Ida en lui offrant une cigarette, une Players.

« — Cigarette, mademoiselle ?

« Malgré mes quinze ans, dont j'ai pris l'habitude de me cacher, j'accepte comme "une grande", je joue à la jeune fille. Dès la première bouffée, je manque de vomir.

« Un peu plus tard, deux heures peut-être (les avions ne volaient pas vite, à l'époque), le même steward sort du poste de pilotage pour nous annoncer que nous avons passé la frontière, que nous survolons la France. Cet instant est resté magique, intense, bouleversant.

« Cette fois, ça y est, c'est vraiment la Liberté ! On la tient ! On ne nous la reprendra plus ! Je me remémore la phrase de Victor Hugo : "Il faut avoir connu l'exil pour aimer la France !" En 1947, quand Charles Trenet chantera *Revoir Paris, un ptit séjour d'un mois...*, et chaque fois que j'entendrai les trois notes joyeuses *do ré mi mi*, j'irai de ma larme en pensant à l'annonce du steward avec son accent canadien : "Nous survolons la Frince !" »

Ida récapitule :

« Ma libération, mon retour à l'humanité perdue, ça aura été cela : des draps propres en zone russe, des hommes enfin "normaux" qu'on aurait envie d'embrasser, une bouffée de tabac blond qui fait tourner la tête, et la France aperçue, là, entre deux nuages, sous les ailes d'un Dakota. »

Premiers antibiotiques

Pour aucune des déportées, l'épreuve ne s'est arrêtée du jour au lendemain. Les suites sont parfois fatales, souvent lentes. Pour Ida, elles seront à la fois médicales, et familialement atroces. Elle s'explique :

« Au Bourget, notre avion n'étant pas attendu, nous n'avons pas eu les honneurs militaires et *La Marseillaise* qui saluaient l'arrivée des autres rapatriés. Mais le choc du retour en France est si fort que Claudine se trouve mal sur la piste.

« À l'arrivée, un médecin refuse de me laisser aller chez moi prendre des nouvelles de mes parents, de mon frère – "Vous écrirez", commande-t-il –, et il me fait hospitaliser à Broussais, où je resterai deux mois.

« À peine suis-je installée, Claudine débarque en ambulance de l'hôpital Bichat, où il n'y avait plus de place. D'être de nouveau ensemble comme par miracle, nous explosons de joie. On nous place dans des lits côte à côte, dans une très grande salle où sont réunies une douzaine de rapatriées d'Allemagne. Une infirmière me soulève dans ses bras et m'emporte. Naïvement, je lui demande :

« — Je ne suis pas trop lourde ?

« — Oh non, mon petit ! dit-elle.

« Et ses yeux s'emplissent de larmes. Malgré le mois de réalimentation dosée en zone russe, je dois peser au plus trente et quelques kilos. L'infirmière me plonge dans un bain de baignoire, le premier depuis si longtemps. La douce chaleur m'envahit. Quel délice ! Nous en avons tant rêvé ! C'était le premier souhait pour quand nous serions rentrées...

« Au cours d'une visite médicale approfondie, le médecin-chef m'interroge sur les séquelles de mes gelures aux pieds. Il me confirme que les soins donnés à Neustadt par Wanda étaient les meilleurs possible. Sans eux, c'était probablement l'amputation ! »

Des cerises sur un chapeau

« Le lendemain, je fais envoyer un pneumatique à mon frère, et un télégramme à Alice, ma nourrice de Lié. Mon frère travaille, de nuit, au PX, les magasins de l'armée américaine. Il arrive aussitôt. À l'entrée de la salle, il me cherche des yeux sans me voir. Je crie :

« — C'est mon frère ; il ne me reconnaît pas.

« Infirmières et malades pleurent en découvrant que je suis devenue méconnaissable pour mes proches. La même scène se reproduira chaque fois que des familles auront du mal à se reconnaître.

« Mon frère s'approche. Il reste sans voix. Il ne me pose aucune question. Il me dit seulement que les parents ne sont pas rentrés. Ce qui ne m'empêchera pas, longtemps encore, d'espérer le retour de mon père.

« Alice me répond par retour du courrier en me demandant si je peux venir la voir bientôt. Je lui annonce que je dois subir d'abord une intervention chirurgicale. N'y tenant plus, elle décide de monter à Paris, où elle n'est jamais allée de sa vie ! »

Alice débarque, tout de noir vêtue, coiffée d'un chapeau de paille. « Avec des cerises dessus », se souvient Ida. La fermière de Lié reste sur le pas de la porte de la salle commune. Elle pose le regard sur toutes les malades, en hésitant. Elle non plus ne reconnaît pas sa petite protégée. C'est Ida qui doit l'appeler :

« — Alice ! Je suis là ! C'est moi !

« Alice se jette vers mon lit en lançant un cri dont l'émotion n'efface pas l'accent des Deux-Sèvres :

« — Ma p'tite Idâââ !

« La salle entière participe aux retrouvailles, dans un rire mêlé de larmes. Claudine n'a jamais oublié l'apparition de la fermière endimanchée et son inénarrable “ma petite Idâââ”...

« L'hôpital nous laisse manger à notre guise. Souvent, la nuit, nous nous réveillons pour grignoter. Nous engraissons comme des petits cochons. Les oncles de Claudine s'en inquiètent auprès du médecin-chef. Celui-ci leur répond, avec une indifférence qui me laissera perplexe :

« — Laissez-les donc ! On ne sait pas combien de temps elles vont tenir !

« On avait l'impression que notre retour le dérangeait !

« J'ai prévenu mes oncle et tante de Clamart, les Dembski. Ils viennent me voir, avec mes deux cousines. Ils ont survécu, ainsi que mon cousin maroquinier – l'auteur du petit sac offert par mon père et qu'on m'a subtilisé à l'arrivée au camp. Sa femme et leur fils ont réchappé, eux aussi. Tout en me réjouissant, les visites de ces survivants me font ressentir plus péniblement le non-retour de ma mère et de mon père.

« Malgré les kilos repris, je suis encore très maigre. Ma cousine Régine me réconforte, en tâtant mon poignet décharné, avec une maxime traduite du yiddish :

« — S'il y a des os, il y aura de la chair ! »

Le médecin du service refuse son accord pour l'opération de la mastoïdite ; il trouve Ida trop faible. Mais le chirurgien passe outre et opère. Heureusement, car une méningite se déclarait. Pour combattre l'infection post-opératoire, on emploiera la pénicilline, qui fait son apparition. À toutes les chances d'Ida se seront ajoutés les progrès des antibiotiques, juste au bon moment !

Vers la fin juillet, suite à une pleurésie, les médecins souhaitent envoyer Ida en convalescence à la montagne. L'assistante sociale la met en rapport avec une collègue de l'ADIR, l'association de déportées résistantes fondée par Geneviève de Gaulle dès son retour de Ravensbrück. Bien qu'elles ne soient pas des « résistantes », l'ADIR prend Ida et Claudine en charge, ainsi que leur nouvelle camarade Hélène.

Découverte de la résistance

Ida obtient des papiers d'identité et un passeport, dont la photo est la première qui ait été prise à son retour, avec ses cheveux qui commencent à peine à repousser. On lui propose un séjour en Suisse, à Montana. Sa cousine Régine recommande l'endroit. Ida aussi est tentée par la Suisse.

« J'imagine les montagnes, dit-elle ; le chocolat !

« J'y resterai quatorze mois, choyée. Comme confort, c'était le rêve ! Nous habitions des villas particulières. On avait de bons plats. L'ambiance était idéale. J'y ai connu plein de filles qui sont restées de grandes amies : Charlotte Delbo, Anne Baron, Anise Girard, qui deviendra Anise Postel-Vinay, Françoise Zavadil. Une Anglaise qui soignait son fils nous a fait des cours d'anglais. Je repoussais le problème de mon avenir. C'est Anise qui s'en souciait le plus.

« Un jour, deux hommes sont venus de la part du Joint, une organisation américaine qui aide les Juifs en difficulté, dans le monde entier. Ils nous ont donné de l'argent de poche. Vers la fin du séjour, ils m'ont proposé de m'envoyer à Zurich pour apprendre un métier dans l'hôtellerie. J'ai préféré revenir en France. J'aurais dû leur demander des conseils, des adresses. J'ai négligé la possibilité d'entreprendre des études, pour lesquelles

Mme Picard me disait douée. Se retrouver à dix-sept ans avec le seul certificat d'études !

« La déportation m'aura miraculeusement laissé la vie, mais elle aura ruiné mes chances d'avoir un métier au niveau de mes possibilités. »

Même la chienne...

Quel accueil en France, après ces seize mois de camp, plus le séjour en Suisse ? Ida se souvient parfaitement des mentalités d'alors :

« Fin 1946, la déportation est considérée comme une affaire classée. On en parle moins qu'on ne le fera quarante ans plus tard. Il n'existe pas de structures pour se remettre dans le circuit scolaire. Je reviens habiter avec mon frère, sans les études qui m'auraient ouvert d'autres portes. »

De nos jours où le moindre accident donne lieu à des soutiens psychologiques, quantité de spécialistes et d'organismes se seraient offerts à aider une jeune fille de dix-sept ans revenant d'Auschwitz. À l'époque, ce n'est pas dans l'air, dans les mœurs.

« Pas l'ombre d'un psychologue ! Notre santé physique est prise en compte, mais le reste personne ne s'en occupe. »

L'accueil reçu à Sompt, quand Ida y retourne pour la première fois, en 1947, a de quoi la consoler, sinon de l'aider pour l'avenir.

« Tout le village et mes camarades de classe me font fête. Même la petite chienne Gardienne, que je n'ai pas revue depuis trois ans, me saute au cou comme si notre séparation datait de la veille. Ses démonstrations mettent tout le monde en larmes. Sa mémoire et ses effusions donnent aux humains une belle leçon de fidélité. »

Le reste passe au second plan. Pas question de

ce que sont devenus les gendarmes qui ont arrêté Ida, ni de son avenir scolaire ou professionnel. M. Poupinot, le maire, a eu une attaque. La vie reprend. La tendresse de Gardienne a monopolisé l'attention. Ida connaîtra à nouveau ces émotions de retrouvailles en 1996, quand Jean-Marie Pouplain, historien et correspondant de l'Institut d'histoire du temps présent, organisera avec la maire, Mme Grellier, une rencontre surprise avec ses anciens camarades de l'école. Malgré le demi-siècle écoulé, Ida sera fière de reconnaître chacun d'entre eux !

Ce même jour, un condisciple des années noires remettra à Ida sa petite règle d'enfant, sauvée de la vente de la maison de Lié. Ce sera l'occasion d'un pèlerinage à la chapelle de Sompt, où Alice a fait apposer une statuette de la Vierge et un ex-voto « Merci à Marie – 1945 », conséquences d'un vœu au cas où sa dévotion à la Vierge « ferait » revenir Ida des camps. Quoique incroyante, Ida s'était dit, au pire de la déportation, que peut-être les prières d'Alice la protégeaient. En 2001, visitant les lieux en vue de la rédaction de ses souvenirs, Ida ne manquera pas le détour par la chapelle où Alice a longuement pensé à elle...

La fin d'Alice

La vie reprend son cours. En 1953, Ida se marie et, de Fensterzab, devient Ida Grinspan. Son mari et elle travaillent à domicile. Quand Ida fera le voyage de Sompt, ce sera seule. Alice est déçue. Ida l'a senti :

« Alice croit que c'est par fierté que mon mari n'est pas venu. Alice est quelqu'un de susceptible, de fragile. Elle a fait des dépressions avant la guerre. Elle n'a aucune mémoire. Elle répète tout le temps : "J'ai pas de tête, j'ai pas de tête !"

« Il y a eu beaucoup de décès dans la famille Marché. Tout de suite après la guerre, Alice a perdu son deuxième mari, d'une leucémie. Son frère Charles, qui était un grand ami pour moi, est mort brutalement, ainsi que sa mère et sa grand-mère. Après la guerre, dès 1947, la première fois que je suis revenue à Lié, elle m'a demandé de rester avec elle. Elle m'a dit que la commune avait décidé de m'attribuer le même pécule qu'aux anciens prisonniers de guerre. Elle espérait bien que j'allais vivre auprès d'elle. Mais ma mère m'avait fait promettre de "ne pas rester à la campagne"...

« Un matin de 1954, j'habitais vers Gambetta, une tante d'Alice me téléphone. C'est l'épouse d'un policier. Elle m'apprend qu'Alice a tenté de se suicider avec des médicaments. Elle insiste : "Il n'y a que vous qui puissiez lui remonter le moral."

« J'ai planté l'aiguille – dans la couture, c'est

façon de dire : j'ai fait ni une ni deux –, et je suis allée là-bas. J'ai passé quelques jours avec Alice. Elle était mal remise de sa tentative. Elle avait l'impression que les voisins riaient d'elle. Elle croyait qu'elle était damnée, excommuniée. Je lui rappelais que l'Église faisait confiance à la miséricorde divine. Je lui jurais que personne ne se moquait d'elle ou ne la jugeait. Sur le moment, il m'a semblé qu'elle allait mieux. Au retour, j'ai dit à mon mari que je pensais l'avoir réconfortée.

« ... Quelques jours plus tard, à onze heures du soir, téléphone de la tante d'Alice, Juliette : "Cette fois, Alice ne s'est pas ratée. Elle s'est pendue !"

« Je ne suis pas allée à l'enterrement, à cause de ses parents éloignés, que je ne souhaitais pas voir. Je l'ai regretté. Vis-à-vis d'elle, mais aussi parce que j'aurais récupéré certains objets, ne serait-ce que le petit mot de ma mère, ou mes étoiles jaunes. Il ne me reste qu'un souvenir de mon passé à Lié : une règle de l'école, en bois, où j'avais marqué mon nom et qu'un camarade m'a rapportée en 1996. »

L'ancienne première de la classe de Sompt montre le précieux témoin de ce temps où le malheur n'existait pas encore. Il ressemble à tous les vestiges de l'âge scolaire. Signé « Ida » sur chacune des faces, avec ses éraflures et ses traces d'encre violette, il a l'air usé d'avoir souligné tant de devoirs.

À le contempler, on croit entendre les crissements de la craie au tableau et les cris de la récré, les gaietés insouciantes d'avant le cataclysme...

« Galère »

L'après-guerre, Ida s'en souvient comme d'une « galère », même si le mot n'était pas en usage. Aucune assistance n'était prévue. Les droits à pension n'ont été donnés aux « déportés raciaux » que très tard et, pour Ida, en 1956.

« J'aidais mon frère dans du bricolage de confection. Je livrais. Mon oncle et ma tante de Clamart m'avaient proposé de vivre chez eux, mais je craignais d'être la “parente pauvre”. J'ai toujours eu de la fierté. C'était tout ce que j'avais, mais j'y tenais. Je préférais la “vache enragée”, même s'il n'y en avait pas tous les jours. Je sortais peu. J'ai passé des tests pour entrer dans une école accélérée de secrétariat... qui n'a jamais ouvert.

« La confection représentait une solution immédiate. Je ne connaissais pas l'OSE, l'œuvre de secours aux enfants, qui a sauvé beaucoup d'enfants juifs pendant l'Occupation et qui a pris en charge les orphelins, à la Libération. Je n'ai pas été orientée, comme ma copine du kommando des patates, que l'OSE a dirigée vers des études d'assistante sociale. Je suis passée à côté des possibilités qui s'offraient. Oui, la déportation n'a pas seulement mis les vies en péril : elle nous a privées de nos chances.

« Au retour, je pensais souvent au camp, mais uniquement quand j'étais seule. Les gens ne voulaient pas en entendre parler. Les associations d'anciennes étaient moins présentes que par la suite. L'Amicale des anciens d'Auschwitz existait, mais elle était loin de chez moi. Fin janvier, nous fêtions l'ouverture du camp ; entre nous.

« La page était tournée. »

Une certaine « Léo »

Les suites judiciaires des camps, Ida ne s'en est guère souciée. Étant donné que les procès contre les Allemands et leurs complices ne lui rendraient pas ses parents, dont la disparition faisait tout son malheur, l'esprit de vérité, d'équité, de vengeance ou de réparation lui était étranger. Seul l'habitait un mépris sans borne pour les tortionnaires auxquels elle avait eu affaire.

Un jour de 1947, pourtant, le passé et le sort des bourreaux ont requis son attention, sous la forme d'une demande de témoignage. Ida était convoquée Quai des Orfèvres.

L'inspecteur vérifie ses papiers, son passage dans les divers camps. Il pose la question :

« Avez-vous connu une certaine Klara Pfortsch ? »

Ida n'a aucun souvenir. Le policier précise :

« C'était une kapo.

— Il y en avait beaucoup, répond Ida.

— On l'appelait Léo », dit encore l'inspecteur.

Ida bondit. Cette fois, c'est différent. « Léo » était réputée. Pour sa violence, son sadisme. Ida la dépeint : des cheveux coupés à la garçonne, très masculine, un imper jusqu'aux chevilles comme les SS, le bâton à la main, une façon bien reconnaissable de battre les filles, en leur tapant les épaules et la tête par terre. « C'est sûrement une lesbienne », disaient les détenues. Possible : la « Petite » Ida, quant à elle, ne savait même pas ce que le mot voulait dire.

Le policier s'explique : « Léo » est détenue par les Russes. La France est en train de demander son extradition pour la juger dans sa zone. Si on la rattrape et si son procès a lieu, Ida accepterait-elle de répéter ce témoignage devant le tribunal ? Elle répond affirmativement ; sans esprit de rancune, mais sans hésitation.

Quelques mois plus tard, Ida reçoit l'ordre des Armées de se rendre en Allemagne. Par chance – toujours elle –, son amie Claudine a reçu la même convocation. Elles vont donc ensemble à Rastatt. Chambre chez l'habitant. Déposition devant le tribunal des forces armées d'occupation, le 6 octobre 1949. C'est bien « Léo » qui est dans le box, la superbe du temps des camps en moins.

« Vous la reconnaissez ? demande-t-on aux témoins.

— Aucun doute ! »

Klara-Léo avait un bon avocat. Celui-ci a plaidé les circonstances atténuantes en prétendant que sa cliente avait été arrêtée comme communiste, qu'elle était aigrie par sa propre détention de quatre ou cinq ans. « Faux ! » conteste après coup Ida : la kapo particulièrement redoutable portait le triangle noir des « asociaux », et non le triangle rouge des politiques. Verdict : la mort ! Ida commente :

« Que nous la reconnaissions formellement, sans haine mais avec fermeté, ça a dû impressionner le tribunal ! »

Se venger ? À quoi bon !

En réalité, la peine a été commuée. La condamnée est sortie au bout de douze ans. La nouvelle est parvenue à l'Amicale.

« Quel effet cela vous a-t-il fait ? Vous gardiez un sentiment de vengeance vis-à-vis de "Léo" ?

— Honnêtement, plutôt de l'indifférence écœurée.

— Et envers les gendarmes de Melle ?

— Je ne saurais pas dire. Je ne suis pas d'un tempérament haineux. Qu'est-ce qu'une petite jeune fille de seize ou dix-sept ans pouvait bien leur faire, à la Libération ? Trouver une arme ? Aller les descendre tous les trois ? Ce n'était pas dans mon réflexe. J'étais contre la peine de mort, déjà, trente ans et plus avant l'abolition.

« Il faut dire qu'on est cassée, quand on est au camp. Et on le reste quand on revient seule, quand les parents ont disparu. J'avais beau être jeune et avoir envie de vivre "malgré tout", il y avait quelque chose de démoli en moi, d'irréparable. Quelle vengeance ? Et à quoi ça m'avancerait ! Un immense mépris pour des pauvres types, voilà tout. Leur faire la morale ?... C'était tellement énorme, ce que j'avais subi à cause d'eux ! Comment n'avaient-ils pas eu de remords ? Il est vrai que la honte, ça ne s'enseigne pas. »

Ida se ravise : l'officier français par qui une gamine de quatorze ans avait été jetée dans un wagon à bestiaux vers un destin parfaitement connu de lui ne méritait pas sa rancune, mais quand même :

« Je pense que j'aurais eu quelques questions à lui poser. »

À cette idée, le visage d'Ida a exprimé tout à coup une froideur de lame qu'elle n'avait jamais montrée tout au long du livre.

Antigone

La confrontation d'Ida avec le capitaine des gendarmes a failli avoir lieu pour de bon.

La scène se passe au début des années 70. Ida regarde d'un œil la télévision. Le programme diffuse des documents et un débat sur les OVNI (objets volants non identifiés) et autres « revenants », sujet à la mode, de nature à attirer beaucoup de gogos.

Sur le plateau sont réunis des « experts », comme les choisit la télévision, sur la foi d'un livre. C'est le cas d'un certain Émile T., auteur de *Sur la piste de l'homme inconnu*, publié en 1951 chez Amiot-Dumont. L'homme met Ida vaguement mal à l'aise, sans plus.

Tout à coup, M. T. ayant énoncé sa qualité d'officier en retraite de la gendarmerie dans le Poitou, Ida bondit. Le visage lui disait quelque chose, et voilà que l'évidence lui saute aux yeux : le personnage n'est autre que le capitaine à qui elle a refusé de donner l'adresse de son père en 1944 et qui l'a expédiée à Auschwitz via Drancy ! C'est bien la même personne qui attendait de pied ferme « la Juive de Lié » à la gendarmerie de la sous-préfecture. C'est bien l'officier français qui la jugeait nuisible et dangereuse, on suppose, puisqu'il avait dépêché trois de ses subordonnés pour se saisir d'une enfant de quatorze ans. Lui qui la destinait sciemment à l'extermination (rappelons-nous l'un des exécutants lançant à Alice : « Vous ne la reverrez pas ! »).

Ida n'a pas l'ombre d'un doute. Les faits datent, alors, de vingt-cinq ans, mais le temps n'efface pas les images, quand il s'agit de situations aussi dramatiques. Si on lui avait objecté l'effacement des souvenirs, comme l'ont souvent tenté, en justice, les avocats de « collabos », elle aurait pu répliquer qu'à cet âge, comme à n'importe lequel, être réveillé en pleine nuit et placé devant des questions de vie ou de mort, cela se grave à jamais dans la mémoire. Comment Ida aurait-elle oublié par quoi ont commencé, et auraient pu être évités, ses seize mois de mort lente : l'arrachement à la ferme Marché devenue « sa » maison, la conduite sous bonne garde à Melle, le bureau de l'officier, le portrait du « bon Maréchal » au mur, et les questions pressantes, les menaces, les chantages !

Ce qu'Ida ne saurait dire elle-même, trop impliquée et modeste pour cela, il nous faut l'imaginer comme si nous surprenions la scène de 1944 derrière une porte. Le face-à-face est digne d'une tragédie antique. D'un côté : un officier quadragénaire, représentant zélé de la « légalité » vichyste au service de l'Occupant dans sa chasse à la population juive d'Europe ; de l'autre, une adolescente de ce peuple refusant pied à pied de livrer les siens ! Petit bout d'Antigone bravant le Créon screugneugneu de la France dite humaniste !

L'Ida de 1970 empoigne son téléphone. Elle appelle la chaîne de télévision où se pavane son ancien bourreau. La « Juive de Lié » sait montrer ce qu'elle veut, quand elle s'y met ; c'est cette même force de caractère qui lui a sauvé la vie. Elle obtient le standard de l'émission au bout du fil. Elle montre le même aplomb qu'à quatorze ans, renforcé par le culot du gendarme :

« Vous parlez de "revenants", ça tombe bien :

j'en suis une, de "revenante". J'aurais deux mots à dire à M. T.

— Qui êtes-vous ?

— Une "revenante", vous dis-je. »

Si on lui passait le plateau, elle ignore ce qu'elle dirait au responsable de son envoi en enfer d'où elle a réchappé par miracle. Lui demanderait-elle pourquoi il n'a pas prétexté auprès des Allemands la fuite de « la Juive » ou une panne de voiture, comme l'a suggéré Mme Picard, et comme cela s'est fait souvent ? Aujourd'hui encore elle ne sait pas comment elle s'y serait prise. Son sentiment n'a pas varié à l'égard des gendarmes de Melle, depuis leur irruption chez Alice : aucune sanction ne pouvant lui rendre ses parents – sa seule pensée –, elle éprouve moins du ressentiment, vis-à-vis d'eux, qu'un absolu mépris.

Vraie ou fausse – on ne le saura jamais –, la réponse de la télévision sauve Émile T. de ce qui aurait été pour lui plus qu'un mauvais pas :

« Nous ne sommes pas en direct », est-il répondu.

La technique a bon dos. Elle nous aura privés d'un dialogue historique, d'un instant de vérité.

Ida ne regrette rien. Le rond-de-cuir de la barbarie que fut le capitaine T. ne mérite pas sa rancœur, pas même son attention. Tant pis si l'esprit de corps lui a tenu lieu d'âme ! Tant pis s'il n'a jamais été réveillé la nuit, comme le fut Ida, par le gazogène du remords ! La prescription a couvert son déshonneur. Il n'est sûrement plus de ce monde. Ses descendants qui portent son nom ont droit à l'oubli. D'où le recours, ici, à des initiales.

Mais après ce qu'a enduré Ida et qu'on vient de lire, il n'est pas indifférent que des tiers éclaircissent, à sa place sinon en son nom, la manière dont ont été exécutés les ordres, dont ils auraient pu ne pas l'être, et dont a fonctionné à leur sujet l'« épuration » – d'une mansuétude très éloignée de ce qu'on en a dit.

« Les gendarmes auraient pu la sauver »

« Il existe dans tout service étatique hiérarchisé un circuit continu de l'autorité qui est en même temps un circuit continu de la responsabilité. »

Cette observation faite à Nuremberg par Edgar Faure, procureur adjoint, est rappelée par Jean-Marie Pouplain en tête de *Les Chemins de la honte* (Geste éditions, 2000), une enquête très complète sur la persécution antijuive dans les Deux-Sèvres, telle que l'a subie Ida.

Depuis les arrestations de 1942, le département ne compte plus, en principe, que des Juifs français qui, l'UGIF aidant, se croient à l'abri. La rafle du 31 janvier 1944 dément cette illusion. Par bonheur, certains y échappent : sur 108 recensés, 70 seulement sont arrêtés, et 58 transférés au camp de Poitiers. Parmi eux, 18 enfants et adolescents, dont Ida.

À l'origine du crime caractérisé contre l'humanité : une injonction allemande, dont on peut toujours espérer que, sans elle, les autorités françaises n'auraient pas diligenté la persécution, encore que le statut d'octobre 1940 ait, on le sait, pris les devants. Il s'agit de l'ordre donné le 27 janvier 1944 par le commandant de la Sicherheitspolizei de Poitiers, le Sturmbannführer SS Herold, aux préfets de Charente, Charente-Maritime, Vendée, des Deux-Sèvres et de la Vienne, d'arrêter tous les Juifs restant dans leur ressort. Prétexte : des Juifs auraient été « mêlés » à des actes de terrorisme de mouvements communistes ou antiallemands.

Les consignes « secrètes » soulèvent le cœur : l'opération doit être achevée le 31 à trois heures du matin, pour éviter des « incidents ». Les familles seront prises « en groupe », sans égard pour l'âge des enfants. Direction : Drancy, en convoi fermé. Bagages tolérés : vêtements chauds, provisions pour trois jours ; ne pas omettre argent et objets de valeur (on saura bientôt en vue de quelle rapine !).

Toute une paperasse fait foi : les préfets répercutent l'ordre aux polices et gendarmeries, avec noms et adresses des personnes à arrêter, et d'infinies précautions de discrétion pour le cas où les populations réagiraient. Ils réquisitionnent les autobus nécessaires, commandés pour minuit à Niort.

Le procès-verbal de l'opération accomplie à Lié est signé par les trois gendarmes de la brigade de Melle venus signifier à « la Juive Fensterzab Ida » son arrêté d'internement. Comme pour se dédouaner, le P.V. précise, ce que conteste Ida, que celle-ci aurait « pris connaissance des instructions de l'autorité allemande » lui enjoignant de les suivre, et qu'elle y aurait « consenti », après une fouille sans résultat quant à la possession « d'arme » *(sic)*.

Les protestations immédiates d'Alice Marché, du maire de Sompt et de l'institutrice Mme Picard sont restées sans effet, nous l'avons vu, de même que la démarche aventurée d'Alice auprès de la Kommandantur. Dès la gare de Poitiers, dès Drancy et Bobigny, la machine à broyer, à déshumaniser, à exterminer, est en marche inexorablement.

Il faudra attendre la Libération pour que le comportement des gendarmes soit mis au jour par des démarches de plusieurs origines.

Dès octobre 1944, le « comité d'épuration » de Melle évoque ce qu'il continue d'appeler – le vocabulaire a résisté, lui ! – « l'affaire de la Juive de Sompt ». Sur les trois personnes des environs à interpeller dans la nuit du 30 au 31 janvier, le comité note que deux, habitant La Mothe, ont été prévenues par des relations de la préfecture, preuve que le sabotage administratif était possible. Seule Ida fut trouvée.

« Dans cette pénible affaire », le comité pense que la responsabilité appartient surtout aux Allemands qui ont donné l'ordre, ordre qu'il était « impossible de ne pas transmettre », et « difficile de ne pas exécuter ». Le devoir de désobéir à l'inhumain n'est pas mentionné. Restait la « manière ». Le « chef B. » aurait été « bien maladroit, pour ne pas dire dur ». Le comité attend le témoignage de Mme Picard.

Ce dernier parvient le 17 octobre 1944. L'institutrice d'Ida l'a résumé dans une lettre à son inspecteur primaire. Elle s'étonne que les oncles et cousins d'Ida aient échappé aux arrestations, à Clamart, dans la région parisienne, « grâce » aux conseils de certains policiers, et qu'Ida, au fin fond de la province, n'ait pas bénéficié des mêmes protections. Mme Picard laisse libre cours à son indignation :

Comment comprenez-vous qu'en grande ville on sauve des Juifs, alors qu'en pleine campagne on vous les arrache ! Que faut-il penser d'une brigade de gendarmerie qui, aussitôt qu'elle sut que cette enfant était juive, s'acharna sans cesse sur cette petite.

1) Pour discréditer la pauvre enfant dans l'endroit, des gendarmes voulurent reconnaître en elle l'auteur d'une lettre anonyme (il paraît que les écritures se ressemblaient !...). Chose extraordinaire, l'enquête ne fut pas poursuivie... Les gendarmes ne laissèrent la petite tranquille que lorsque Mlle V. leur eut dit que l'enfant était au-dessus de tout soupçon. Leur but n'était pas atteint.

2) Ils vinrent à plusieurs reprises exiger que cette pauvre petite porte sa plaque juive, or le maire lui-

même, ainsi que moi, le lui avions défendu. Envers une enfant, seule dans le canton de Melle, que de précautions !... On ne voulait point qu'elle se perde, n'est-ce pas. Qui, dans tout cela, est à blâmer, je l'ignore, mais ce que je sais, c'est que le responsable ne fit rien pour la sauver, au contraire, je crois même, comme je viens de vous le dire, que la chose était préméditée.

N'ayant que ce pauvre petit être à préserver du péril, on augmenta encore sa souffrance en ne faisant pas régulariser ses papiers. De bergère qu'elle était, on la livra comme étudiante. L'enfant se récria. Alors on la mit avec des vieux, pour la détruire plus vite sans doute...

Pour bien éclairer le capitaine de gendarmerie, notre maire lui fit envoyer le soir même par les gendarmes la reconnaissance de nationalité française de l'enfant pour qu'il sache bien qu'il livrait une petite Française, mais rien n'ébranla un si grand chef, qui n'aurait eu qu'à dire : « Supprimez la carte d'alimentation de cette enfant (c'était facile puisque c'était en fin de mois dans la nuit du 30 au 31 janvier) et qu'elle n'existe plus ici ! » Est-ce que notre commune ne l'aurait pas nourrie ! N'avons-nous pas sauvé une famille anglaise ainsi ! Juste ce conseil à donner !

Enfin, s'il avait bien voulu la sauver, il aurait crevé ses pneus et, pendant que les gendarmes réparaient, il aurait envoyé une estafette. Tout le monde aurait donné asile à la petite. Moi-même lui avais toujours dit : « Si tu es en danger, tâche de te sauver et viens chez nous. » Depuis l'arrestation, comme la gendarmerie sent la réprobation de la commune, les gendarmes ou l'adjudant ont dit : Lié paiera après la guerre. Et pourquoi ? Parce qu'on ne dit pas bravo à un acte aussi lâche ?

Monsieur l'Inspecteur, je vous ai dit à peu près tout ce qui m'étouffe. J'ai déposé jeudi dernier, mais je n'ai pu dire tout ce que je pensais. Je crois vous l'avoir dit succinctement pour que vous jugiez vous-même et que vous soyez heureux de participer au triomphe de la Justice.

Monsieur l'Inspecteur, excusez-moi de vous importuner, mais je veux encore vous dire que rien ne me fera désarmer, d'autant plus que je crois depuis samedi que le pauvre père est vivant [on saura qu'il n'en est rien] et que c'est la seule consolation que je puisse lui donner : venger sa belle et bonne petite qui fut arrêtée comme on arrête un bandit, et qui entendit, le soir de son arrestation, les paroles les plus dures que l'on puisse entendre. C'est le chef B. qui osa parler ainsi. Lui aussi mérite une punition, mais il ne fut que le bras. C'est d'abord la tête qu'il faut frapper.

La tête qui n'agit que parce qu'elle crut que l'enfant n'avait plus personne pour la défendre. La tête qui essaya par une ou deux actions d'apparence patriotique de se racheter en fin de vie. Mais pour cette tête, ce fut bien comme de livrer un ange. Je dis ce mot volontairement, Monsieur l'Inspecteur, car véritablement cette petite était une perfection. Je joins ici une photo pour vous convaincre.

Au service de l'innocence, je resterai toute ma vie. J'espère que je vengerai l'enfant à Melle. Si j'échoue, avec le père nous unirons nos efforts à Paris...

Simple déplacement

C'est peu dire que la déposition de Mme Picard ne produit pas d'effet. Après lecture de sa lettre, le président du comité d'épuration de Melle a informé le comité réuni pour statuer que la question de « la Juive de Lié » avait été réglée par « un colonel de gendarmerie commis à cet effet ». Ce verdict avant débat équivaut à un acquittement. « N'y revenez pas ! » comme dit la maréchaussée aux chauffards contrevenants ! Le capitaine T. a été déplacé, du fait des plaintes déposées contre lui, mais le colonel auteur de la mesure aurait décrété qu'« il n'était pas possible d'envisager une aggravation », même s'il était démontré que l'arrestation de « la Juive de Lié » lui était imputable.

Pour plus d'efficacité, Mme Picard décide alors de porter plainte. Celle-ci devant être appuyée par des parents de la victime, elle incite à se joindre à elle les oncle et tante d'Ida, les Dembski, que la police de Clamart a mieux su protéger que la brigade de Melle. La lettre est datée du 22 janvier 1945, c'est-à-dire du moment où Ida subit la « marche de la mort » entre Auschwitz et Ravensbrück...

Chers Amis,

Je viens vous demander de me rendre un grand service : j'ai entrepris de venger notre petite Ida, et pour cela j'ai fait une déposition contre le capitaine T., de Melle. Après un certain laps de temps, j'ai appris qu'il était déplacé et envoyé à Nîmes, mais toujours capitaine, et cela je ne le veux pas. Je me suis alors rendue au Comité de Libération de Niort et on m'a dit que ce serait certainement toute sa punition. J'ai compris que, vu que ce n'était pas la famille qui se plaignait, que c'était déjà beau qu'on ait écouté la déposition d'une simple institutrice.

Après avoir eu des renseignements d'un ami qui est allé à Paris, voilà la marche que nous avons l'intention de suivre, et pour cela nous comptons sur votre bonté :

Vous allez porter plainte contre le capitaine T., de Melle, pour avoir fait enlever votre nièce en pleine nuit du 30 au 31 janvier 1944. [...] Comme les pauvres parents seraient heureux s'ils savaient que nous nous unissons pour venger leur petite ! [...] Que cela soit un secret entre nous. C'est ainsi que l'on réussit...

Suivent un rappel des faits et des conseils sur la façon de rédiger la plainte, sans omettre la démarche du maire tendant à établir la nationalité française d'Ida et les propos du « chef B. » à Alice Marché : « Vous voulez être fusillée vous-même ? » « Vous voulez qu'on nous fusille ? » ou « Vous ne la reverrez plus ».

Le comité parisien de la Libération a accusé réception des plaintes en demandant des précisions – déjà produites – sur le capitaine T. et l'origine des ordres reçus par lui. En juin 1945, le comité de Melle estime que l'arrestation est « extrêmement malheureuse » mais « il ne ressort pas de [ses] informations » qu'il y ait une responsabilité de la part de la gendarmerie, qui aurait été « dans l'impossibilité de faire autrement ». Le gendarme B. semble avoir eu « des mots bien durs », et fait preuve d'un « manque de tact » *(sic)*, mais son déplacement paraît « suffisant » et « ne doit pas nuire à sa carrière », vu qu'il a agi « sous l'empire de la crainte » et non « avec des sentiments pro-allemands ».

Fermez le ban !

Pour la petite, et minable, histoire : il faut savoir que le capitaine T., si promptement absous, ne faisait pas qu'obéir craintivement à l'Occupant. Le livre qui lui a valu de passer à la télévision en 1970, et d'être reconnu par Ida, était déjà en chantier pendant la guerre. Il témoigne d'une communion de pensée avec la hiérarchie maréchaliste, et laisse penser qu'il adhérait aux ordres exécutés en janvier 1944. En préface à ce qui n'est qu'un recueil de constats de gendarmes sur des phénomènes « métapsychiques », l'auteur avait obtenu des encouragements, passe-partout mais chaleureux, d'Alexis Carrel, biologiste connu pour ses thèses eugénistes, et bien en cour à Vichy.

Quant au colonel D. qui se hâta de blanchir son collègue T., sa biographie est muette sur les années quarante. Ce qui ne l'empêchera pas d'achever un si noble parcours avec des étoiles de général, et les plus hautes fonctions à la tête de la Gendarmerie nationale !

Devant de telles souplesses de conscience et de carrière, il est habituel de plaider l'indulgence, au motif qu'il entrerait du hasard, donc de l'irresponsabilité, dans les engagements politiques. La réponse à de telles excuses se trouve dans la lettre de Camus accompagnant sa signature pour la grâce de Brasillach : « S'il entre du hasard dans les opinions politiques, je n'en sais rien. Mais je sais qu'il n'y a pas de hasard à choisir ce qui vous déshonore. »

« Ma meilleure élève »

Les plaintes de Mme Picard en 1944 et 1945 contre les gendarmes montraient la puissance de son attachement à Ida. Dès le retour, et régulièrement, l'ancienne élève a témoigné son affection reconnaissante à sa maîtresse d'école. Puisque l'institutrice de Sompt était encore de ce monde quand ce livre a été entrepris, comment ne pas la rencontrer pour évoquer de vive voix un passé où elle fut si présente !

Notre visite a eu lieu en septembre 2001, par un temps d'automne glorieux. La maison de retraite de Melle s'appelle « Les Charmilles ». Le soleil entre à flots dans la chambre de plain-pied de Mme Picard. L'historien de la région, Jean-Marie Pouplain, nous accompagne pour ce grand bond dans des souvenirs vieux de soixante ans.

Quelques mètres carrés, une télévision, des photos de famille, un fauteuil roulant : l'installation est modeste, à l'image de toute une existence qui ne connut pas d'autres luxes que ceux du bonheur d'enseigner. Le visage est marqué par les quatre-vingt-dix ans passés. Mais il ne demande qu'à oublier son âge et ses épreuves sitôt que reviennent les émotions de l'école de Sompt, village ainsi nommé à cause de la rivière qui le traverse, la « Somptueuse ». Le regard, surtout, s'illumine, souriant, moqueur, incroyablement rajeuni quand s'encadre dans la porte son ancienne élève, par qui elle a connu tant de bonheurs et d'angoisses.

L'ancienne enseignante serre dans ses bras celle qu'avec l'accent rugueux de la région elle continue d'appeler « ma p'tite Ida ». Ah, sa « p'tite Ida » ! Cet adjectif « petite » aura suivi l'élève de Sompt toute sa vie. L'administration de Vichy acharnée à servir la persécution allemande parlait de « la Juive de Lié ». Sur la lancée, le comité de Libération de Melle a repris l'expression, comme si la formule n'avait pas valu, la veille encore, condamnation à mort. Le mot « Juive » a disparu, enfin !, mais reste dans le village l'adjectif « petite », sans doute en souvenir du très jeune âge où Ida fut déportée, ou à cause de sa taille, restée modeste à l'âge adulte. Dans les rencontres d'anciennes des camps, lors des voyages, le diminutif de l'enfance ne quitte pas celle qui restera une des cadettes des camps.

L'œil de Madame Picard vrille de malice :

— C'était une de mes meilleures, dit-elle. (Elle hésite, puis se reprend, comme au temps où l'enseignante jouait à éprouver l'impatience et la fierté des « têtes de classe ».) Allons, je peux le dire maintenant : c'était *la* meilleure !

La preuve tombe comme un bon point :

— Avant les garçons elle était ! Imbattable ! Même sur l'accord des participes avec l'auxiliaire *avoir*, c'est vous dire !

N'aurait-elle pas fait d'Ida sa préférée ? Mme Picard proteste :

— Avec moi, pas question de chouchous ! Pas mon genre ! Ida était la première, voilà tout.

Réflexe professionnel : restée institutrice jusqu'au bout des épithètes, Mme Picard cherche l'appréciation la plus équitable, digne de figurer sur un bulletin trimestriel :

— Ida était toute simple, amusante, mais sans se faire remarquer. Elle s'ingéniait à être comme les autres. Tout en étant la « petite Parisienne », elle s'était vite mise au patois.

L'ancienne servante de la République – trente-sept ans et demi de carrière, compte-t-elle fièrement – se souvient qu'en ce temps-là elle avait mission de faire la chasse au dialecte, alors qu'aujourd'hui on paie des profs pour l'enseigner !

— On marche sur la tête ! bougonne-t-elle.

En classe, aucun enfant ne faisait de remarques particulières sur la protégée de Mme Marché. « Ida était du pays, un point c'est tout. »

À partir de quand Mme Picard a-t-elle craint pour son élève ? Pour s'en souvenir, elle retrouve d'instinct l'indicatif présent et le souci d'exactitude du temps de l'école :

— Tu es arrêtée quand, ma petite ?

Ida, aussi, retrouve le ton appliqué qui convenait autrefois :

— La nuit du 30 janvier, madame.

— Alors, les menaces ont commencé six mois plus tôt.

En réalité, le danger est venu du moment où Ida a été reconnue « officiellement » comme « juive », c'est-à-dire en juin 1942, lors de la remise des étoiles jaunes.

L'inspection d'Académie (« qui obéissait aux Allemands », est-il précisé par Mme Picard, avec des noms de fonctionnaires au bord des lèvres) a envoyé un pli à la mairie demandant à l'école si Ida était toujours à Sompt, si elle avait appris un métier. Mme Picard a conseillé à Alice Marché de ne pas garder Ida chez elle à Lié.

— Pensez-vous, a protesté la fermière. Les Allemands, venir ici ? Ils ont autre chose à faire !

— Au moins qu'elle n'ait plus de carte d'alimentation, a insisté l'institutrice.

— Mais alors qu'est-ce qu'elle mangera ? a encore objecté Alice, qui ne voulait pas non plus entendre parler, pour Ida, de pension à Chef-

Boutonne en apprentissage, sous un faux nom. Mme Picard s'est énervée :

— Enfin tout de même ! Ida ne va pas garder des moutons toute sa vie !

L'institutrice n'a rien oublié. Elle se rappelle que la maman d'Ida a été arrêtée en juillet 1942, qu'elle passait régulièrement à Lié en vélo pour « remonter le moral » de sa fille. Pendant un an, elle l'a maintenue dans sa classe tout en lui donnant des cours particuliers d'algèbre, de français.

Arrive l'arrestation du 30 janvier 1944. Alice est allée l'apprendre, en larmes, à Mme Picard. Celle-ci a prévenu son inspecteur, qui lui a conseillé de ne rien faire, sous peine de risquer elle-même le camp de concentration. Eh oui : les agents de l'Éducation nationale n'ont pas toujours été plus dignes que les fonctionnaires d'ordre !

Avait-elle une idée du sort qui attendait son élève ?

— Parbleu ! J'étais convaincue qu'Ida était en danger de mort. Depuis la lettre de sa maman, aucun doute n'était possible. (Silence.) C'est au capitaine de gendarmerie que j'en ai voulu le plus, lui qui se disait l'ami du maire, M. Poupinot ! Celui-ci avait conseillé de ne pas supprimer les cartes d'alimentation d'Ida. Il jurait qu'il préviendrait s'il y avait du danger... On a vu le résultat !

« Même Raymond ! »

Comment la classe a-t-elle réagi à l'annonce de l'arrestation d'Ida ? Mme Picard raconte, comme si c'était hier :

— J'ai prévenu les enfant que leur camarade Ida avait été emmenée par des Français, sur ordre des Allemands. Je leur ai dit : « Pensez à elle toujours. N'oubliez jamais. En vous endormant, pensez à elle. Promis ? » Je pleurais, je ne pouvais plus m'arrêter de pleurer. Jusqu'à mon mari, les larmes lui sont montées...

L'indignation de Mme Picard n'a pas faibli avec le temps. Elle élève la voix :

— Des enfants ! Quel mal avaient-ils fait, bon sang de bonsoir !

Elle revoit encore la classe, accablée.

— Et Raymond ! Ce qu'il a pu pleurer, Raymond !

Raymond était le petit voisin qu'Ida aidait pour le français et qui l'aidait pour le calcul. Ils étaient amoureux l'un de l'autre. Ils s'écrivaient des mots doux. Ce sont les lettres de Raymond qu'Ida n'a de cesse de détruire, la nuit où les gendarmes viennent l'arrêter, de peur qu'Alice ne la gronde en découvrant leur correspondance...

Ida retrouve à l'instant les émois qui étaient les leurs à Sompt, il y a soixante ans. Au retour des camps, Raymond viendrait la voir à l'hôpital Broussais. Le trouble d'avant l'enfer n'agirait plus. Il n'empêche : Ida n'aurait pas cru que Raymond avait pleuré, à l'annonce de son arrestation.

Dans la chambre de Mme Picard, cette nouvelle surgie de la nuit des temps lui fait tout drôle. La « petite Ida » laisse échapper un bonheur enfantin, resté intact malgré les épreuves connues ensuite. Elle s'étonne tendrement, inconsciente de la fraîcheur de l'exclamation qu'elle lâche à mi-voix, « comme pour elle-même » :

— Ah bon ? Raymond a pleuré ? Lui aussi ?

Le rendez-vous manqué avec Wanda

Ida a eu moins de chance avec sa bienfaitrice Wanda qu'avec Mme Picard. Le sort n'a pas permis qu'elle la revoie vivante. Du moins ce rendez-vous manqué a-t-il eu d'autres conséquences, comme le projet d'écrire ces lignes.

Pendant plus de cinquante ans, Ida a cherché à identifier Wanda pour la remercier de l'avoir sauvée, au Revier de Neustadt.

En 1988, lors de son premier pèlerinage à Auschwitz, dans l'état confus où l'avait plongée l'émotion, elle répétait le prénom de l'infirmière. Elle a tout tenté, y compris en téléphonant au cours d'une émission de télévision « Perdu de vue ». Les producteurs auraient aimé exploiter cette démarche insolite, mais une assistante a répondu que la technique ne permettait pas de « liaison directe avec la Pologne » ! Ida n'a pas apprécié l'excuse. Un appel à l'antenne aurait peut-être permis de remonter à temps la piste menant à Wanda.

C'est seulement au début de 2001 qu'un Allemand de Neustadt, M. Schütt, a repéré dans le registre des anciens du Revier le nom de famille de Wanda : Ossowska. Avec ces indications, le chef des guides d'Auschwitz, M. Stanczyk, a retrouvé Wanda dans les listes d'Auschwitz, où elle avait été internée, elle aussi. Elle vivrait toujours, à Varsovie.

Le contact est enfin établi. Ida est sur le point de

partir pour la Pologne. Mais Wanda souhaite ne revoir Ida qu'une fois rétablie d'une attaque cérébrale. Elle écrit à sa « petite fille » – décidément, Ida inspire à tous ce diminutif d'affection – une lettre traduite par les siens. On y lit notamment :

> Je pensais à vous très souvent, même j'ai décrit votre histoire dans mon livre, édité en Pologne. Quelle était votre vie ? Comment vous avez survécu tous ces jours terribles après la fin de la guerre ?
>
> Dans les camps de Neustadt Glévé vous étiez mon enfant, mise au supplice, lequel je voulais garder pour la vie. Mais avec quels moyens ? Dans ce moment, j'ai trouvé l'amour – la force surnaturelle, qui m'a permis vous sauver.
>
> Je me souviens bien : vous avez crié « Vive la France ! » sans avoir la connaissance. J'ai gardé pour vous cette soupe terrible qui était attendue dans ce temps-là, à la place d'un morceau de chocolat d'un colis qui n'a pas existé.
>
> Quand je vous ai déguisée en petite vieille, l'écorcheur allemand, soit pensait de moi « l'idiote ! », soit il a trouvé dans son cœur un peu de l'amour – il m'a permis vous sauver.
>
> Je me souviens bien des soldats français d'Oflag qui vous ont prise à l'hôpital. Vous étiez toujours sans connaissance et je vous ai expédiée avec l'espoir et l'amour de mon cœur.
>
> J'ai demandé le Dieu avec insistance de vous sauver, ma petite Ida ! Et vous vivez, Ida !
>
> Je suis tellement heureuse de vous entendre, et j'espère de vous voir à Varsovie.
>
> Excusez-moi de vous appeler « Ida », mais vous restez pour toujours mon enfant.
>
> Maintenant, je suis à l'hôpital, mais j'ai confiance à Dieu de m'encore sauver.
>
> En espérance de vous avoir dans mes bras, je

vous envoie mes sentiments distingués pour vous et pour votre famille,

Wanda Ossowska.

Le sort voudra qu'Ida ne revoie l'infirmière que dans le coma. Elle mourra sans qu'Ida ait pu lui dire sa gratitude, autrement qu'à son enterrement – des obsèques d'héroïne, de sainte, où Ida sera à l'honneur.

Femmes d'exception

Le soir du 1er novembre 2001, à l'issue d'un voyage d'enseignants vers Auschwitz et Majdanek, les petits-neveux de Wanda Ossowska nous reçoivent dans la banlieue de Varsovie.

Un des descendants projette la cassette qu'il a enregistrée plusieurs années auparavant avec sa grand-tante racontant sa vie aux plus petits enfants de sa famille. Ida reconnaît le regard noir, pétillant d'intelligence, de l'infirmière au beau chignon de Neustadt, et surtout sa voix grave.

Tandis que nous regardons le document de famille, la petite-nièce qui a organisé la soirée et qui est seule, ou presque, à parler français traduit le passage du livre de Wanda, *Przezytam*, qui relate le sauvetage d'Ida.

« On apporte une petite Française sans connaissance, dans l'infirmerie où je me trouve.

« — Pouvez-vous la sauver ? me demande-t-on. Dans le camp, il n'y a pas d'enfants. Si les Allemands la voient, ils vont la fusiller.

« L'enfant délire. Ses pieds sont noirs, cyanosés. Je crois à un début de nécrose. L'enfant était très jolie. Ses joues étaient rosies par la fièvre. Son état m'a fait mal au cœur. Pourrais-je la sauver ? Elle est atteinte de dysenterie. Ses sphincters sont relâchés. Il faut absolument la laver. Je crains qu'elle ne perde ses doigts de pied. Déjà une phalange s'est détachée.

« J'alterne les bains chauds et froids pour stimuler la circulation. On ne m'a pas dit le nom de l'enfant. Je l'appelle “la petite”, “mon enfant”. Ses pieds sont redevenus roses. Dans son coma, elle a crié : “Vive la France !”

« En sortant de son lit, “la petite” est tombée par terre. On la cherche dans le noir. Il y avait des excréments sur le sol. On ne peut la laver sans la lumière. Je refuse de donner le gilet de corps de “la petite” à l'Allemande qui l'exigeait.

« J'apprends qu'il va y avoir une sélection. Que faire de la petite Française ? Je mets un foulard sur sa tête pour cacher le commencement de boucles qui repoussent. Je la déshabille. Je prie. Un gros soldat de la Gestapo entre. Il dit, surpris :

« — Mais c'est une enfant !

« Je réponds que “non”.

« — Vous êtes idiote, me dit le soldat.

« Peu importe : la petite était sauvée.

« Je ne sais pas ce qu'elle est devenue, si elle a survécu ou non. Je lui répétais : “Mange, si tu veux rentrer à la maison !” »

Le livre de Wanda porte un autre témoignage effarant :

« Une femme a accouché au camp quatre mois plus tôt. Elle a réussi à cacher le bébé en le faisant dormir le jour. Un soldat découvre le nouveau-né. Il le prend par les pieds et le cogne contre le mur jusqu'à ce que mort s'ensuive.

« — Je ne pourrai pas vivre sans mon enfant, supplie la mère. Fusillez-moi ! »

Le soldat exécute son vœu, d'une rafale...

Depuis le mois de mai 2001 où Ida a revu Wanda, hélas dans le coma, elle n'a cessé de ressentir une chaleur extrême de la part de sa famille. Eux aussi ont sans doute éprouvé la même chose. Quand elle est revenue pour l'enterrement de l'infirmière, elle a eu cette sensation de famille très proche.

« Lors de ma visite de novembre 2001, cette émotion s'est encore accrue en découvrant la vidéocassette qu'ils ont recopiée exprès pour moi. De voir Wanda parler, vivante, de reconnaître sa voix, légèrement vieillie mais au timbre intact, cela m'émeut de façon incroyable. On sent à quel point son cœur s'accompagne de savoir-faire comme infirmière mais aussi d'intelligence en général. C'est une femme imposante. À noter que son passé de résistante je ne l'ai su qu'à sa mort. Sur le moment, je n'étais sensible qu'à sa formidable bonté, et à sa compétence. »

Sa mère, Alice, Mme Picard, Wanda, ses copines de camps, les résistantes de Suisse : la plus grande chance d'Ida aura été de collectionner, sur sa route, les femmes d'exception !

« Le seul cimetière que j'aie »

Du 29 octobre au 2 novembre 2001, nous avons participé ensemble à un voyage de l'Amicale vers Auschwitz et Majdanek, en compagnie d'une cinquantaine de professeurs et de bibliothécaires. Durant le vol de retour, Ida livre ses impressions :

« Depuis le premier voyage de mars 1988, je suis retournée dans les camps environ vingt fois, toujours pour accompagner des groupes scolaires et répondre à leurs questions. Je ne saurais dire quelles émotions ou réflexions ont dominé telle ou telle visite, en dehors de l'évidence constante, obsédante, que Birkenau est l'endroit le plus dur à retrouver.

« Auschwitz est d'abord un musée. La première fois, j'ai failli m'évanouir, dans la grande salle où l'on voit un immense tas de cheveux. J'ai réalisé qu'il y avait forcément les cheveux de ma mère. Qu'elle soit ou non rentrée dans le camp, on l'a rasée. Même choc devant les objets personnels. L'émotion est devenue moins forte que la toute première fois, mais elle revient chaque fois que je revois la rampe d'arrivée de Birkenau.

« Non pas à cause du souvenir de la “sélection”, car je n'ai pas vraiment compris ce qui se passait ; mais de se trouver là, épuisée, dans la neige, avec les SS qui braillaient dans tous les sens. C'est beaucoup plus marquant pour moi que Majdanek, dont le monument m'émeut, mais dont les baraques et les châlits n'évoquent rien. À Birkenau, je me revois allant au travail, en revenant, vivant dans les blocks.

« J'ai surtout la sensation d'approcher de la sépulture de mes parents. Quand on marche vers le lac, si on gratte à peine le sol, on sait qu'on va trouver des cendres. C'est le seul cimetière où témoigner mes sentiments. C'est le plus grand tombeau du monde, un record de morts au mètre carré. Il n'y a pas d'équivalent. J'y viens pour être utile, mais aussi par piété. Je n'ai pas de tombe où me recueillir, je n'ai que cet endroit. Le fait que le vent souffle les bougies, je ne l'interprète pas comme le symbole d'une difficulté à transmettre. Il faudrait apporter des lampes mieux protégées comme on en voit dans les cimetières de Varsovie et qui durent au moins vingt-quatre heures. »

Aux universitaires présents, Ida a expliqué comment ses amies et elle ont établi un tour de rôle avec la couverture, trop mince et étroite pour tenir chaud à toute la koya. Cette mesure de solidarité était une façon de récupérer un semblant de liberté, une part de l'humanité confisquée par les gardiens. À noter qu'elles devaient, faute de place, s'endormir du même côté et se retourner toutes en même temps, sur un signal. Cela crée des liens.

« Étiez-vous gênées par les odeurs des voisines ?

— Des odeurs, nous en avions toutes, vu le manque d'hygiène, la dysenterie ! Nous nous en rendions compte nous-mêmes, ça nous démoralisait. Nous étions indisposées par nos propres odeurs. Les ronflements, on s'en apercevait moins. On était tellement fatiguées qu'on sombrait dans un sommeil profond sitôt étendues sur la paillasse.

— Vous rêviez ?

— On rêvait d'un tas de choses. Surtout de nourriture. On rêvait qu'on s'évadait, qu'on était libres. On imaginait nos vies à la sortie du camp. Le réveil était d'autant plus dur, quand la kapo nous criait dessus, avant le jour, à quatre heures du matin. »

Le temps d'une chanson

Une supposition en forme d'espoir vient à l'esprit : vers la fin, quand l'Allemagne va perdre la guerre, ne s'est-il pas trouvé un vieux gardien ou une kapo pour éprouver de la compassion envers vous, se montrer moins sévères, compréhensifs, ne serait-ce que pour se prévaloir de ce bon mouvement à l'heure des comptes, devenue proche ?

Ida est formelle :

« C'était inimaginable ! À Ravensbrück, je ne travaille pas ; à Neustadt je suis au Revier. Ce genre de sursaut, je n'en ai pas constaté personnellement. Mais je dois à la vérité de dire que c'est arrivé à certaines camarades.

« À Rosette, par exemple. À l'usine Union Werke, elle a eu un grave accident, sur une machine dépourvue de protection. Elle a eu deux phalanges sectionnées à un doigt. Une *Aufseherin* l'a accompagnée au Revier pour y être soignée. En chemin, Rosette mettait un point d'honneur à ne pas montrer à la gardienne qu'elle souffrait. Elle non plus "n'a pas pleuré". Elle s'est mise à chanter pour se donner du courage. L'Allemande l'a regardée avec stupeur : la propagande nazie l'avait convaincue qu'une Juive était incapable de courage. Elle s'est mise à entonner en allemand la même chanson à la mode que chantait Rosette. Leur échange s'est borné à ce chant partagé. Notre camarade est restée longtemps au Revier, à cause d'infections répétées. Quand elle est retournée à l'usine, l'*Aufseherin* l'a reconnue et, toujours sans un mot, lui a procuré un travail moins éprouvant. »

Au cinéma, la rengaine reprise en chœur par le bourreau et la victime pourrait être *Lily Marlène*, cette même marraine de guerre que s'étaient choisie les soldats des deux camps.

Ainsi, grâce au cran de Rosette, l'humanité et la fraternité, sans se l'avouer tout à fait, ont recouvré leurs droits à Auschwitz. Par exception rarissime, à mots couverts, et pour quelques instants. Comme dira Serge Gainsbourg dans sa *Javanaise* : le temps d'une chanson.

Impressions de témoin

Quelles impressions Ida garde-t-elle des voyages successifs avec des scolaires ?

À la fois constantes et variées. Ida s'explique :

« Les participants et leurs questions se ressemblent. J'ai gardé un souvenir plus frappant d'un groupe de l'année dernière, plus motivé. Cela ne signifie pas que d'autres soient moins intéressés. Les élèves de terminale sont évidemment mieux informés, préparés.

« L'Amicale des anciens d'Auschwitz est consciente que les enseignants seront plus utiles à la transmission, quantitativement, que les élèves ; trente ou quarante fois plus. On sait par expérience que les professeurs qui ont visité les camps ne sont plus les mêmes et ils rendent leur enseignement plus fort. Les manuels d'histoire se sont améliorés. Ce sont les heures du programme qui manquent.

« Le voyage transforme les participants en profondeur. Ils en témoignent volontiers. Ainsi cette bibliothécaire des environs de La Rochelle, qui écrit spontanément ses impressions :

> Mercredi 29 octobre 2001, Auschwitz.
>
> Chère Ida, quelques mots pour te dire combien je te remercie de tout ce que nous apprenons en ce moment. De ce que vous êtes. Non seulement les nazis ne vous ont pas détruits physiquement, mais ils n'ont pas atteint votre profonde humanité

qui se manifeste partout, votre intelligence pour nous transmettre votre expérience, votre vivacité, votre énergie, votre sens des rapports humains, votre goût de la vie, votre laïcité, votre absence de moralisme, que j'apprécie plus que tout, car derrière il y a une véritable morale que j'aime. Je vous embrasse affectueusement.

Troisième partie

ET APRÈS ?

Au retour de 1945, comment se manifeste votre énergie de « vivre quand même » ? Ida n'hésite pas un instant :

« Avoir des enfants. Refaire une famille ! Mon rêve, c'était d'avoir trois enfants. Je me suis mariée en 1953. Ma fille Sophie est née après huit ans de mariage ; je désespérais. J'ai fait une dépression à la suite de l'accouchement. Du fait que je n'avais pas ma mère, ça a pris des proportions effroyables. Je perdais le sommeil, l'appétit. Du coup, mon mari ne souhaitait pas que je sois enceinte de nouveau. C'est le grand regret de ma vie. Un enfant, ce n'est pas assez. Il en faut deux, minimum. »

Pourquoi 1988 ?

Il demeure un mystère, autour de l'histoire de la mémoire, individuelle et collective. Comment expliquer le relatif silence où les témoins restent plongés, de 1945 aux années quatre-vingt : quarante-trois ans, dans le cas d'Ida, entre le retour à l'hôpital Broussais et le premier pèlerinage à Auschwitz en 1988.

Ida fait siennes les explications des historiens. Une, puis deux générations, sont passées. Les curiosités se sont réveillées, aiguisées. Livres et films ont suscité ou accompagné un regain d'intérêt pour la Shoah. Le négationnisme avait profité de l'éclipse. Ça a joué ?

« Beaucoup. Voir nié ce qu'on avait vécu était insupportable. C'était tuer une deuxième fois nos camarades disparus. On en parlait à l'Amicale. Il y avait des choses qu'on ne pouvait pas laisser dire.

« C'est l'avocat et historien Serge Klarsfeld qui m'a convaincue de participer au voyage de mars 1988 organisé par le Congrès juif mondial et le CRIF. Pour moi, c'était la première fois que je retournerais au camp, après quarante-trois ans ! Il m'a appelée le dimanche pour le mercredi suivant. Je n'étais pas sûre d'être capable de partir. Il a trouvé l'argument décisif : c'était le premier voyage de jeunes, et les élèves étaient tous plus âgés que moi à l'époque du camp ; je serais utile ! Le lundi, je demandais mon visa au consulat de Pologne. En fait, j'ai été terriblement choquée. »

Le mot « choquée » est faible. C'est lors de ce voyage que nous nous sommes vus pour la première fois, Ida et Bertrand, et que s'est liée notre amitié. Ida titubait entre les restes de baraques, cherchant la sienne éperdument. Le sol était gelé, le ciel bas. Les élèves hésitaient à poser des questions. Pour Ida, le site était d'abord un cimetière, la sépulture de ses parents. On ne parle pas autour d'une tombe. La nuit est venue vite. Il ne s'agissait pas encore d'évoquer les lieux et le passé, mais seulement de désacraliser l'endroit, d'y reposer le pied, afin de rendre le témoignage enfin possible.

Ce qui ne veut pas dire qu'on s'y habitue. À raison de deux ou trois fois par an, Ida a dû rendre à Auschwitz une vingtaine de visites. Elle ne s'y est jamais faite. C'est à chaque fois une épreuve douloureuse à surmonter. À l'Histoire générale s'est mêlée une histoire de la mémoire, avec ses ombres et ses évolutions inexplicables. « Évolutions » ne signifiant pas « déformations » : en six mois de rédaction du livre, de récits oraux sans cesse repris, croisés, réécrits, Bertrand peut témoigner qu'Ida n'a pas varié d'un iota. Elle y a veillé comme si elle se dédoublait et contrôlait le travail d'une autre, comme si elle avait la « petite Ida » à l'œil.

Qu’est-ce que témoigner ?

Le « silence volontaire » des rescapés est une légende, entretenue comme une excuse par les auditoires inattentifs de l’après-guerre. Ida est formelle, quant à elle :

« Dès mon retour, j’ai éprouvé le besoin de raconter. J’ai répondu chaque fois qu’on me posait des questions. Si je ne parlais pas longtemps, c’est qu’on n’écoutait pas longtemps. Ça a commencé à l’hôpital. En Suisse, on était entre anciennes qui n’avaient rien à s’apprendre mutuellement. En revanche, je découvrais ce qu’avait été la Résistance, à travers celles qui en avaient fait et avaient payé pour ça. Je les enviais de s’être battues, d’avoir survécu par idéal, alors que moi j’avais été arrêtée pour rien, uniquement parce que j’étais née juive. De leur côté, elles découvraient ce qu’avait été la tentative d’extermination contre nous. À leurs yeux, j’étais le “bébé” de la maison de repos. Elles me témoignaient beaucoup de tendresse.

« Dès Montana, j’ai rencontré Geneviève de Gaulle. Elle était à l’hôtel, près de notre villa. Elle venait régulièrement nous voir. Sa parenté avec le Général ne nous en imposait pas spécialement. Elle n’en parlait jamais. À retardement, j’admirais l’aventure de la France Libre. Je portais fièrement la croix de Lorraine au bout d’une petite chaîne. À ce moment-là, nous ne nous posons pas les questions qui viendront ensuite, comme les raisons pour lesquelles les Alliés n'ont pas bombardé ou intercepté des convois, puisqu'ils "savaient" l'horreur des camps.

« Geneviève avait des problèmes de voix. Malgré cela, elle donnait des conférences sur la Femme française dans la Résistance, pour financer en partie les maisons de repos qu'elle parrainait. Nous l'accompagnions, assises sur la scène autour d'elle. Un jour, la salle lui a offert une gerbe de fleurs qu'elle s'est empressée de me donner. J'ai tenu à ce que ce livre porte en exergue une phrase d'elle, qui résume si bien la leçon de fraternité rapportée des camps.

« C'est en Suisse que j'ai connu Charlotte Delbo, qui travaillait déjà à son livre *Aucun de nous ne reviendra*, qu'elle n'a souhaité publier que vingt ans plus tard, en 1965, pensant qu'auparavant les Français "n'étaient pas prêts à l'accueillir".

« Quand je retourne dans les Deux-Sèvres, après la Suisse, on m'interroge. Dans les ateliers de confection aussi. Mais les gens ont leurs problèmes. Ils ne sont pas prêts à entendre. De plus, dans les ateliers, beaucoup d'employés sont juifs et comptent des disparus. Ils ne tiennent pas à savoir quels supplices accablaient les déportés. Cela me poussait à une certaine retenue. Mais j'ai toujours répondu. Je ne suis pas de celles qui se taisaient volontairement.

« Mon mari, je ne pouvais rien lui apprendre ; sa mère avait été déportée quinze jours avant moi, quand il avait quatorze ans. Il me racontait comment il s'était caché. Nous éprouvions l'un et l'autre le manque de mère.

« C'est vers 1960-1970 que les films et les livres ont modifié l'attitude de l'opinion devant la Shoah. Je les ai vus, je les ai lus, à leur sortie. *Shoah*, de Claude Lanzmann, est le monument de référence. *Nuit et brouillard* ne m'apprenait rien. Je me souviens de *La Dernière Étape* : les photos de charniers, d'entassements de corps, évoquaient plutôt des camps comme Bergen-Belsen. Personnellement, je n'ai pas eu ces visions. Auschwitz était mieux "organisé" ; on y brûlait les cadavres au fur et à mesure. D'une certaine façon, ce que nous voyions était plus atroce. C'étaient moins des morts que des squelettes vivants, des zombies.

« Les élèves que je rencontre ont besoin de comprendre comment on en arrivait à l'état final. J'insiste devant eux sur les étapes successives de l'épuisement : la faim qui tiraille douloureusement l'estomac, qui fait mal ; le froid, la saleté, les coups. Les corps montrés à la Libération ne sont que les résultats de tortures lentes, lancinantes. Les films ne retraceront jamais ce cheminement. Il était parfois moins impressionnant de voir des gens morts que des espèces de cadavres debout, incapables de marcher.

« Côté livres, celui qui m'a le plus marquée, c'est *Aucun de nous ne reviendra*, de Charlotte Delbo. Je dois noter, en toute modestie et en me gardant d'un jugement littéraire, que Primo Levi m'a toujours paru très pessimiste.

— Et entre anciennes, encore maintenant, quelles sont les conversations ?

— L'Amicale a été fondée dès 1945. J'y ai adhéré très vite. Je n'y allais pas autant que j'aurais voulu, car j'habitais à l'autre bout de Paris. J'avais la chance d'appartenir à un petit groupe formé de celles qui s'étaient connues au camp. L'Amicale a tout de suite créé la "rencontre", une réunion fixée le dernier dimanche de janvier, anniversaire de la libération d'Auschwitz. Nous y avons fait des découvertes incroyables.

« Le camp n'a pas effacé certaines différences sociales. Par exemple, Claudine était d'un milieu aisé. Pour assister à son mariage, je n'avais pas les moyens de me confectionner une robe neuve. Liliane Badour, aussi, je l'ai retrouvée grâce à la "rencontre".

« Qui c'est qui t'a fait ça ? »

— Et en famille, comment s'est effectuée la transmission ?

— Ma fille Sophie a commencé à me poser des questions quand elle avait moins de cinq ans. C'est mon numéro matricule tatoué sur le bras qui l'a intriguée. Elle trouvait que ce n'était pas "beau". Elle m'a dit :

« — Qu'est-ce que c'est que ça ? Qui c'est qui t'a fait ça ?

« — Des gens qui n'étaient pas gentils, des gens méchants.

« Sophie a froncé les sourcils :

« — Eh bien, tu me diras qui c'est qui t'a fait ça. Moi aussi, je vais leur faire la même chose.

« — Heureusement, elle a grandi sans haine, mais elle a eu ce réflexe-là, pour le tatouage. Elle ajoutait :

« — Ça t'a fait mal ?

« — Pas vraiment. Ça m'a piqué un petit peu, mais ça ne m'a pas fait mal.

« Pour elle, il restait que je n'étais pas comme tout le monde. Par la suite, elle a posé des questions sur ses grands-parents.

« — Pourquoi que moi je n'ai pas de grand-mères ?

« — Elles sont mortes pendant la guerre. Et c'est les mêmes gens méchants des numéros qui les ont tuées.

« Les Allemands n'étaient pas nommés. C'étaient

des “méchants”, point. Vers sept-huit ans, Sophie est tombée par hasard sur des photos dans une boîte à chaussures. Elle a demandé qui était “la petite fille sans cheveux”, la photo d’identité prise à mon retour. Elle ne voulait pas croire que c’était moi. Et après, elle ne voulait plus regarder de photos. Elle avait peur. Elle voulait être sûre qu’elle n’y verrait pas “la petite fille”. Par la suite, elle a appris beaucoup de choses en entendant mes conversations avec d’anciennes camarades. Plus récemment, elle a vu les cassettes de mes rencontres avec des élèves. Ce qu’elle sait, elle le sait comme ça. »

Jusqu’à ce qu’elle devienne militante de sa propre mémoire, Ida a-t-elle gardé un ressentiment contre les « méchants » ? Par exemple, avait-elle pris en détestation la langue allemande, comme le philosophe Jankélévitch ?

« Je peux comprendre sa décision de principe. C’est vrai, j’avais un mauvais souvenir de la langue dans laquelle on nous avait torturées. Je ne suis retournée en Allemagne que pour des procès, celui de Lischka et Hagen par exemple. J’ai été à Cologne pour manifester contre le report de l’affaire. Il ne me serait pas venu à l’idée d’aller en touriste en Allemagne ou en Autriche. »

Quels effets ont eus sur elle les procès de Nuremberg et d’Eichmann ?

« Nuremberg, j’étais en Suisse. Il n’y avait pas de transistors. On n’écoutait pas. Au retour, j’ai trouvé qu’on avait jugé bien peu de nazis, et très peu parlé de la Shoah. En 1961, j’ai suivi le procès Eichmann dans la presse. Tout en étant contre la peine de mort, je pensais qu’Eichmann ne méritait pas de vivre. J’en veux moins aux nazis de ce qu’ils m’ont fait que de ce qu’ils ont fait à mes parents. J’aurais préféré voir juger la femme qui a dénoncé mon père, plutôt que les gendarmes de Melle ! C’est tout un processus qu’il faut condamner, mais les individus ! Je n’ai pas été à Lyon, pour le procès

Barbie, il fallait des autorisations que je n'avais pas. J'ai assisté à deux audiences du procès Touvier. Pour Papon, j'étais souffrante. »

Il reste une interrogation : entre 1945 et 1988, date du premier retour sur les lieux, que devient la mémoire ? En quoi se modifie-t-elle ?

« Au début, je ne milite pas, parce qu'on ne me le demande pas. Les écoles ne sont pas à la recherche de témoins. Encore une fois, c'est l'argument d'"utilité" qui a décidé de mes voyages. Les guides de l'époque récitaient leur leçon comme pour du tourisme ordinaire. Nos témoignages ont transformé leur façon de faire. »

Les questions des élèves se ressemblent-elles ? Quelles sont-elles ?

« Beaucoup de questions reviennent régulièrement. Ce qui est frappant, c'est que les enfants sont sonnés à la fin de mon récit. Les professeurs ont plus ou moins préparé les classes. Le travail du lycée Buffon, prix Corrin 2001, est un modèle du genre. À noter qu'il ne suffit pas d'être exact et précis. Exemple : en 1988, un certain M. P. commentait utilement la visite d'Auschwitz. Par la suite, il a retrouvé des documents sur la livraison industrielle des fours ; et en même temps on a su qu'il avait épousé les thèses négationnistes, ses apartés avec les élèves s'en ressentaient. Est-ce qu'on guérit de ça ?

« Il y a une vision qui me bouleverse encore à chaque visite : celle des amas de cheveux. J'oublie ma propre tête tondue. Je pense aux cheveux de ma mère. Comme les Allemands retraitaient les cheveux, ils ont dû servir à on ne sait quoi. Mais je me dis qu'il y a peut-être encore des mèches de ma mère parmi les autres ! Quand on nous a rasées, c'est ce qui m'a le plus frappée, ces mèches longues, comme tressées par terre. Je n'ai jamais su d'où venaient les filles qui nous tondaient.

« Tous les témoignages devant les scolaires se déroulent de la même façon. En quelques mots, je me présente aux élèves. En trois quarts d'heure environ, je raconte ma vie à la campagne, l'arrestation, la démarche d'Alice, la semaine à Drancy, le voyage en train et la première journée à Auschwitz. Ensuite, on dialogue. Beaucoup me demandent mon avis sur *La Liste de Schindler*, que je trouve bien réalisé, mais sans rapport avec Auschwitz, qui est infilmable. *Holocauste* était très romancé, mais la série a permis une prise de conscience en Allemagne, en Amérique. De même je ne critique pas le film de Benini, à condition de ne pas y voir un film sur la déportation. J'ai dit que *Shoah* de Lanzmann est un monument capital. Les diffusions des procès ont leur utilité. Il aurait fallu juger Bousquet. »

Les leçons actuelles ?

« Je reconnais devant les élèves que, bien sûr, nous avions de la haine pour les gardiennes, les kapos. Après la guerre, quand je croisais des Allemands d'un certain âge, des touristes, je me demandais ce qu'ils faisaient pendant la guerre. Mais après bientôt soixante ans, on ne peut plus appeler cela de la haine. Le danger, c'est le nazisme, et il existe en puissance autant en France, en Belgique, qu'en Allemagne ou en Autriche.

« J'ai témoigné devant de jeunes Allemands. Pour moi, ce sont des Européens. Cela dit, eux éprouvent une gêne évidente. J'en ai fait l'expérience au Centre de documentation juive. C'était une classe d'Allemands du niveau de terminale, venus avec leur professeur de français.

« Ils appartiennent à la troisième génération. Ils ne sont en aucun cas coupables de ce qui s'est passé, même si certains de leurs proches ont été concernés de près par le nazisme. Quand je leur tiens ces propos, je sens du soulagement. Certains expliquent que, chez eux, le sujet ne vient jamais sur le tapis. D'autres reconnaissent qu'il en est question. Ils ne s'expriment pas sur la responsabilité collective de leur nation par le passé. »

Les bonnes questions

Ida tient un journal de ses rencontres avec des groupes. C'est un carnet vert, couleur d'espérance. Après avoir commencé de témoigner pour être utile – et non par thérapie, comme l'a suggéré un élève –, elle a puisé dans ces conversations à deux ou trois générations de distance les meilleures raisons de ne pas trop redouter l'avenir.

Les curiosités sont souvent naïves, mais la plupart sont de « bonnes questions ». Ce sont elles qui ont amené l'ancienne d'Auschwitz à reconnaître ce qui avait compté, sur le moment, et ce qui continuait à importer. Quand les professeurs n'avaient pas été tout à fait complets, il s'agissait de préciser ce qu'étaient au juste les kommandos, les kapos. Peu à peu, les raisons d'avoir survécu ont été cernées et explicitées à la faveur des questions d'élèves. Ida les récite avec ferveur : le fait de comprendre l'allemand (via le yiddish) ; l'entente avec les camarades...

Questions les plus fréquentes ?

« Est-ce que vous avez pensé à vous évader ? » (Cette curiosité s'explique par le fait que les enfants sont impatients, eux-mêmes, d'abréger l'évocation du camp comme nous avions hâte d'en sortir. Très vite, pour les mêmes raisons, ils demandent que je raconte ma libération.) Réponse : « Il était impossible de s'évader, étant donné les rangées de barbelés, les miradors, nos crânes tondus, nos tenues rayées, l'absence de complicités extérieures, notre ignorance de la langue parlée au-dehors, le polonais. Des filles ont essayé, elles ont vite compris que ça aurait été suicidaire d'insister. On sait d'ailleurs que certains déportés se sont jetés sur les fils électrifiés "pour en finir". Comme évasion réussie, je ne connais que le cas de Mala. En cas d'échec – chez les hommes, notamment –, c'était toujours la pendaison. »

Autre curiosité : « Y avait-il de la solidarité ou était-ce chacun pour soi, comme le laissent entendre certains témoignages ? »

« Pour moi, la solidarité a dominé. Pas sur le plan matériel puisqu'il n'y avait rien à partager, mais au sens physique et moral. J'ai bénéficié de cette solidarité dans les trajets de retour du travail ou pendant la "marche de la mort", quand je ne tenais plus debout.

« Entendu souvent : "Ressentez-vous, encore maintenant, de la haine pour les Allemands ?" "Que pensez-vous du comportement des gendarmes ?" "Aviez-vous, en rentrant, des envies de vengeance ?" Je réponds que l'envie de revivre comme tout le monde dominait. Mon but : parvenir à vivre sans mes parents, plutôt que de me venger !

« Nuremberg ? En Suisse, on était peu au courant. Les procès Touvier et Papon, était-ce une bonne chose ? Réponse oui : ça a permis de mieux connaître le rôle de Vichy. Les condamnations, c'est secondaire par rapport à l'utilité pédagogique. »

Croyez-vous toujours en Dieu, après Auschwitz ?

« Je réponds comme je l'ai fait ici : quand on n'avait pas la foi, comme moi, le camp n'était pas un endroit pour la perdre ni pour l'acquérir ! Si j'ai connu des moments de grand découragement ? Bien sûr ! Mais le plus souvent, il restait une petite flamme de confiance, une voix intérieure disant : "On va s'en sortir." Sans cet espoir, on aurait sombré définitivement. Une des épreuves, ça a été de patienter après le débarquement ; onze mois !

« Quand on me demande : "Comment vivez-vous

les injustices d'aujourd'hui, par exemple la faim dans le monde ?" Je réponds que c'est un de mes étonnements qu'avec toutes les ressources existant sur la planète il puisse y avoir tant de détresse. Quand on a connu les tiraillements de la faim, on comprend mieux ce que ressentent les affamés.

« Sur mon souci de témoigner, j'explique qu'au retour des camps il est faux de dire que nous ne voulions pas parler : ce sont les gens qui se lassaient très vite de nos récits. C'est seulement depuis une dizaine d'années que s'est manifestée la demande des établissements scolaires. Les trois quarts des anciens sont incapables de retourner à Auschwitz, et je les comprends. Le négationnisme a aussi joué un rôle dans ma décision. Il nous semblait qu'il tuait nos parents pour la deuxième fois !

« Une question que j'aime bien : "Dans certaines conditions, êtes-vous favorable à la désobéissance ?" Effectivement, il y a des ordres qu'on a des raisons supérieures de ne pas suivre. Curiosité naïve : "Receviez-vous du courrier ?" Pour les déportés "raciaux", évidemment non. Ni livres, ni papier, ni crayon. Ce qui ne nous empêche pas de nous occuper l'esprit. De raconter des films nous tenait en haleine. Certaines récitaient des poésies françaises. Il nous revenait les vers de Victor Hugo sur la retraite de Russie (Mme Picard aimait beaucoup nous faire travailler Hugo en exil) : "Il neigeait si fort..." Je me souviens d'avoir composé, de tête, un poème pour mon amie Fanny, arrêtée dans la rue parce qu'elle n'avait pas cousu son étoile, qu'elle l'avait seulement épinglée (être condamnée à mort pour ça !). Hélas, j'ai oublié ce poème, et je serais incapable de le reconstituer.

« Autre question plus moderne : "Est-ce dur, de témoigner, ou cela vous soulage-t-il ?" Je l'ai dit et répété : pas question de bienfait thérapeutique ! C'est par devoir ; une promesse que je me suis faite à moi-même. »

Un besoin d'optimisme

« Dans l'ensemble, les élèves sont sensibles aux difficultés que j'ai éprouvées pour reprendre des études après avoir tellement "manqué" l'école. Le certificat, puis rien, loin du niveau du bac : j'étais devenue inclassable, incasable.

« On sent chez les enfants un besoin d'optimisme, une envie que les réflexes d'humanité ne se soient pas complètement perdus chez les gardiens du camp, que certains aient eu des "gestes", en cachette ou vers la fin, sentant qu'ils allaient avoir à rendre des comptes. Des camarades ont cité des cas de ce genre. Personnellement, ça ne m'est pas arrivé. Il y a juste eu le civil de l'usine qui a installé les plus petites d'entre nous à la table de montage, moins éprouvante que les autres postes de travail ; et l'histoire de Rosette.

« Il reste que les relatifs conforts des gardiens paraissent stupéfiants. Exemple : la baignoire du surveillant des fours de Majdanek. Se prélasser dans son bain pendant que le crématoire fonctionne derrière la porte, comme on écouterait des bêtises à la radio : mystère d'une pareille indifférence ! Elle n'était concevable que parce que nous avions été préalablement décrétés "sous-hommes" et traités comme tels.

« Les groupes, où se trouvent souvent des jeunes de couleur, manifestent une inquiétude profonde : "Pensez-vous que ça peut se répéter ?" Je suis formelle : pas dans les mêmes formes, mais à l'heure qu'il est on continue de persécuter des gens à cause de leur origine ! Pas de questions sur le Goulag ni de comparaison avec d'autres génocides. La "spécificité" de la Shoah n'est pas contestée.

« J'ai entendu : "Vous arrive-t-il de regretter vos origines juives ?" sous-entendu : "Sans ces origines vous auriez échappé à la déportation." Réponse évidente : je suis née, c'est ainsi !

« Questions les plus délirantes, qui m'ont fait mal par l'ignorance qu'elles supposent : "Aviez-vous des permissions ?" ou pire : "Qui s'occupait de vos bébés ?" Devant tant de méconnaissance, on se sent prise de vertige, d'accablement pour la suite. Imaginer qu'un jour cette aberration domine la majorité des esprits : cauchemar absolu !

« Notre plus grande tristesse, à nous rescapés, c'est qu'Auschwitz et ses millions de victimes n'aient pas servi de leçon, de vaccin à l'humanité. On croyait ferme qu'après la Shoah aucun génocide ne serait plus possible, envisagé. Déception totale ! »

« Le salut par la fraternité »

« Personne n'aurait survécu si les Allemands avaient pensé à séparer celles qui, comme notre petit groupe, partageaient la même langue. Sans doute ne pouvaient-ils pas avoir une telle idée. Pour cela, il aurait fallu nous croire capables de fraternité, donc nous respecter. Ils ont été victimes de leur mépris, sur ce point, et de leur obsession du rendement. La solidarité qui a tout de suite réuni une poignée de filles du même âge et parlant la même langue s'est amplifiée avec le temps.

« Cette solidarité nous sauvait physiquement, moralement. Pendant les marches, celle d'entre nous qui manquait de tomber d'inanition, nous la soutenions discrètement pour lui éviter la sélection. J'ai dit les récits de films, au temps du kommando à l'usine, le partage de l'unique couverture. Dès qu'une copine perdait le moral, le groupe se coalisait pour la remonter. Je ne sais plus ce qui était le plus réconfortant, d'être prise en charge par une voisine de koya, ou de l'aider à s'en sortir. Les deux.

« Les impressions que nous gardons du camp varient énormément d'une personnalité à l'autre. Je l'ai constaté en faisant la connaissance de Charlotte Delbo, lors de ma convalescence en Suisse. Adhérente des Jeunesses communistes en 1936, épouse d'un militant, arrêtée avec lui pour faits de résistance en mars 1942, internée à Auschwitz en janvier 1943 alors que son mari avait été fusillé au Mont-

Valérien en mai 1942, elle a écrit *Aucun de nous ne reviendra*, *La Mémoire et les jours, Mesure de nos jours.* Je relis souvent ses livres. Et pourtant je n'ai pas vécu les mêmes choses qu'elle. Nous étions devenues des amies. Je lui ai fait part de cette différence. Elle en a déduit, et je le crois, que la souffrance morale dépendait de nos âges.

« Ses neuf ans de plus l'ont plutôt desservie, même si son militantisme l'a aidée. Mes quatorze-quinze ans et mon absence de passé partagé m'ont préservée d'une conscience plus aiguë de l'horreur. Ils m'ont entretenue dans une relative incrédulité qui aidait à ne pas sombrer. D'avoir déjà un commencement de vie derrière soi et des êtres à regretter enfonce plus que d'avoir encore tout son avenir intact – du moins l'espoir qui nous en restait. »

N'ai-je rien oublié ?

« Au moment de clore ce qui aura été mon dernier témoignage – et le caractère tragique de cette “ultime fois” me poursuit –, je songe à mes oublis, à l'insuffisance de certaines notations.

« Par exemple, j'ai conscience d'avoir mal parlé des abaissements subis, sans doute par peur de sembler trop me plaindre, ce qui n'est pas mon genre. Mais les latrines, tenez ! Il faut imaginer un grand block avec des dizaines de trous en quinconce. On y est conduites ensemble, à heure fixe. Si des envies vous prennent entre-temps, et les diarrhées sont habituelles, débrouillez-vous ! Le manque d'hygiène et les odeurs, tous nos souvenirs en restent imprégnés.

« Ce que les SS n'avaient pas prévu, c'est l'effet inverse qu'auraient, à force, leurs techniques d'humiliation. L'effort pour braver les coups et les insultes aboutissait à nous fortifier, à nous rapprocher. Là encore, le système nazi a péché par excès de mépris de ses victimes. Geneviève de Gaulle l'a bien dit : “Notre résistance a été de rester dignes, de demeurer des êtres humains.”

« Autre leçon : quel que soit l'instinct de conservation, qui est inégalement partagé à la naissance, on ne s'en tire que par la volonté de vivre. Il n'y a pas à sortir de là. À cet égard, la vie à la campagne m'avait endurcie, responsabilisée. Ne serait-ce que le fait de garder un troupeau !

« Un jour, par exemple, je n'ai pu empêcher un chien rôdeur de mordre une de mes brebis. Alice m'a rendue responsable de l'accident. À l'entendre, j'étais bonne pour la maison de redressement. Elle me gavait de nourriture, mais elle ne m'a pas dorlotée. Elle me traitait en adulte, à la dure. J'ai soigné la brebis tant que j'ai pu. Je bricolais des pansements. On l'a sauvée. Elle a eu des petits. Je tirais de cette guérison un sentiment de victoire. Épisode risible mais rudement formateur.

« Autres questions d'élèves, en vrac : si je connaissais l'existence de Hitler ? Je l'ai dit : j'avais entendu un discours à la TSF, chez des amis de mes parents. Avant guerre, nous savions que les Juifs d'Allemagne étaient persécutés. Les émigrés racontaient, sans toutefois faire état des camps, déjà ouverts, à Dachau par exemple. Au fond, c'est notre confiance absolue dans l'hospitalité de la France et sa capacité de résistance militaire qui nous a perdus. Même sous Pétain, les Juifs ont commencé par se croire protégés. Il y a des confiances que la réalité met du temps à démentir ! Je n'en garde pas moins une conviction profonde : être trahie par Vichy, ce n'est pas être trahie par la France.

« La preuve : de nombreux Français ont aidé et caché des familles juives, surtout des enfants, parfois au péril de leur vie. Je voudrais leur rendre hommage et les assurer de notre profonde reconnaissance. Ils ont été l'honneur de la France.

« Sur la foi religieuse, je me suis exprimée. Je ne l'avais pas ; la déportation ne risquait pas de me la faire perdre. J'ai noté qu'il m'arrivait, au camp, de me reposer sur la foi d'Alice. J'ai été touchée qu'elle tienne, après mon retour, à orner la petite église de Sompt d'une statuette de la Vierge et d'un ex-voto "Merci, 1945" devant lesquels je ne manque pas de me recueillir à chaque passage par le Poitou. Cette reconnaissance une fois marquée, je dois affirmer que les seules valeurs auxquelles je suis attachée, comme l'était mon père, sont les valeurs morales de l'école républicaine. Celles qu'inculquait Mme Picard. »

Un caillou au bord d'une tombe

« Il arrive que les élèves fixent du regard le tatouage de mon bras, sans oser tout à fait, vaguement gênés. Certains vont jusqu'à me demander l'effet que ça me fait de me réveiller avec ces numéros bleus sous la peau. C'est simple : je pense qu'on ne revient jamais complètement d'Auschwitz. J'y ai laissé une partie de moi-même, la "petite Ida". Et mes parents : ma mère, dont j'ai compris très vite, à voir l'état des déportées de 1942, qu'elle n'avait pu survivre ; et mon père, dénoncé, parti par le dernier transport du 31 juillet 1944, que j'ai longtemps espéré retrouver et dont je ne saurai jamais quand et comment il a été assassiné.

« À quoi les camps m'ont-ils rendue le plus sensible, le plus durablement ? Au racisme sous toutes ses formes. Nous naissons égaux en droits. Le danger totalitaire n'est jamais écarté de façon certaine. Plus physiquement : je ne supporte pas de voir quelqu'un privé de sa liberté, ou avoir faim. Cela réveille en moi une douleur intacte après soixante ans. »

Et le « devoir de mémoire », qu'il arrive de voir contester, juger inutile, lassant, dangereux ?

« J'ai assez dit qu'il m'avait conduite à témoigner, à endurer la visite des camps. Je sais que ma voix s'éteindra bientôt. Ce livre vise à prolonger mes paroles. Il sera la gerbe que nous abandonnons, à la fin de nos visites, sur la mare où sombraient les cendres du crématoire.

« Il sera le caillou que les juifs croyants déposent au bord des tombes. »

Ne pas en finir de raconter

Juste un post-scriptum de Bertrand.

Souvent, on me demande ce qui m'attache personnellement à la mémoire de la Shoah, intérêt du dehors puisque je ne suis pas juif. Cette curiosité m'est manifestée de l'extérieur et de l'intérieur de la communauté juive, en bonne ou moins bonne part, allant presque jusqu'à demander : « De quel droit ? » Il faut croire que la question vaut d'être posée.

J'ai commencé à m'expliquer dans notre avant-propos commun. C'est l'occasion ou jamais d'aller plus loin.

Un événement personnel a pu s'ajouter à mes motivations premières : une de mes filles est devenue l'épouse d'un médecin à qui le martyre de ses ancêtres a laissé des doutes sur l'hospitalité d'une France mal guérie, peut-être, des errements racistes de la guerre. Trois de mes petits-enfants portent un nom qui les aurait exposés, il y a soixante ans. Il m'arrive de les imaginer avec effroi parmi les persécutés de ma génération. De raisonnée, ma solidarité s'est faite charnelle. En cas d'alarme, elle serait intraitable.

N'en déplaise aux feuilles extrémistes qui ont voulu voir dans cette alliance l'origine d'un philosémitisme d'après coup, mon engagement de Juif d'adoption – j'aimerais dire : d'honneur, si cela dépendait de moi – date de ma propre jeunesse. Je le redis : l'aide française à la « solution finale » m'est apparue sur le moment, et est restée pour moi un scandale, une honte ; une énigme, aussi. Outre le souvenir de mon ami de classe Riskine, je garde intact celui des nuits passées, au printemps 1945, à accueillir au Lutétia les rescapés de la gare de l'Est. J'ai retenu la légèreté d'enfant des plus atteints, qu'il fallait porter ; la sensation de bois mort, sur nos avant-bras, de leurs fémurs décharnés ; l'odeur d'estomac creux, de souffrance, de sueurs froides, d'agonies, qui avait imprégné leurs vêtements en loques.

Sans ces chocs, et l'expérience de chroniqueur judiciaire de mes débuts de journaliste, je n'aurais pas tenu à suivre les trois derniers procès pour crimes contre l'humanité, en 1987 (Barbie), 1994 (Touvier) et 1998 (Papon). J'ai tiré des articles et des livres du premier et du dernier procès. Le cas de Touvier m'a aidé quand j'ai pris part au film d'Alain Ferrari sur la Milice. En soi, le cas de Touvier ne méritait pas qu'on s'y attarde, sinon pour éclairer la compromission de la hiérarchie catholique dans sa cavale, et la permanence mal dissimulée de son antisémitisme. Plus que d'autres, son défenseur a usé d'une tactique qui menace la mémoire en général : opposer au consensus de la communauté historienne l'unique parole de l'accusé, réputé plus fiable d'être seul de son avis.

La défense de Papon a repris cette fausse symétrie et, arguant du caractère tardif du procès, les attaques contre l'imprescriptibilité des crimes contre l'humanité. Des campagnes ont été menées pour empêcher, puis interrompre, les débats, ou les présenter, sans vraisemblance, comme une machination antigaulliste, dans l'espoir d'attester la résistance, rien moins qu'avérée, du préfet de Vichy.

Les partisans de tourner la page des années noires (c'est l'expression consacrée par quoi ils se ressemblent) ne se recrutent pas uniquement parmi les anciens vichystes. Leurs buts sont divers. Certains sont sinistrement connus : nier, ou minimiser, au nom des réconciliations nationale et européenne, les torts allemands et français. D'autres partisans de l'oubli, plus respectables, s'opposent par principe à l'imprescriptibilité, y compris dans l'application contemporaine qui en est faite à l'ex-Yougoslavie par le Tribunal pénal international de La Haye. En quoi, selon moi, ils s'égarent, car cette avancée du droit et de la morale face aux dictateurs et aux crimes d'État, nous en sommes redevables aux suites judiciaires de la barbarie nazie.

Parmi les critiques adressées à la mémoire de la Shoah, il faut faire une place à celles des historiens qu'obsède la disproportion, à leurs yeux, entre le traitement historico-judiciaire des crimes de Hitler et celui des crimes de Staline. À force de réclamer un « Nuremberg du communisme », par crainte que le Goulag ne demeure impuni, ils en viennent à suspecter leurs contradicteurs du parti pris prosoviétique qui fut souvent le leur naguère, et de complaisance envers un lobby des rescapés juifs. C'est oublier que les victimes russes n'ont pas souhaité d'épuration, et que l'Union soviétique, dans sa chasse aux opposants, ne visait pas une population entière, comme ce fut le cas de la « solution finale ». Cette continuation de la guerre froide par des voies historiographiques n'aide pas à tirer sereinement les leçons des démences du XXe siècle.

D'une façon générale, c'est la mode de juger périmée la parole des derniers témoins, sans attendre leur extinction naturelle, de dénigrer toute vigilance et les commémorations pour ne plus faire fond que sur l'Histoire. Libre à chacun de méditer les écrits parus sur l'avenir de ce passé qui ne passe que trop, ceux des philosophes comme Ricœur, des historiens comme Rousso, Rémond, Azéma, Vidal-Naquet ou Jeanneney ; et de conclure à sa guise. Au terme d'un livre de témoignage, ce n'est pas le lieu d'ouvrir, sur la mémoire et ses devoirs, un débat complexe et personnel.

Reste le pourquoi de mon engagement, qui refuse de se relâcher sous prétexte que la cause serait entendue. Je maintiens que le temps de crier n'est pas clos, qu'il ne doit jamais l'être. En grec et en hébreu, *Zakkor* veut dire à la fois « tu te souviendras » et « tu n'en finiras pas de raconter ». Que resterait-il des Écritures si elles n'avaient été ressassées depuis la nuit des temps ? Du devoir de rabâcher. Presque plus personne n'y voit une nécessité, en particulier hors la communauté juive. Raison de plus pour ne pas en démordre.

Assez seul de ma génération, je n'ai cédé, en cinquante ans, à aucun catéchisme ni embrigadement que j'aurais eu à renier ou à regretter. J'ai milité sans étiquette, sinon celle, supposée, de mon journal, contre les guerres coloniales, le terrorisme, et les inégalités grandissantes produites par le profit. Les devoirs de traquer la vérité et de sauver les vies m'ont semblé prioritaires par rapport aux systèmes partisans. Je n'ai signé aucune pétition, comme c'était la manie de l'époque, estimant que les privilégiés de l'expression, dont j'étais, n'avaient pas à renforcer leurs opinions par un argument d'autorité.

La mémoire de la Shoah, toujours menacée, a représenté pour moi une des rares causes digne d'être servie, parce que pure d'arrière-pensées politiques, et en manque de militants. J'ai lu que se montrait, à cette occasion, mon côté goy-scout. J'accepte la moquerie. Pour les mêmes raisons, j'ai souscrit avec soulagement à la repentance des évêques catholiques, puisque certains péchés de l'Église sous l'Occupation avaient été commis en mon nom de baptisé.

Mon éducation m'a convaincu que l'investissement individuel et éthique ne mérite pas les soupçons ricanants qu'il s'attire souvent, y compris de ma part ; il les mérite moins, en tout cas, que les engouements idéologiques. Diverses actions m'ont ancré dans ce que je ne rougis pas d'appeler cette attitude – je dis bien : attitude, c'est-à-dire le contraire de pose. Ainsi s'expliquent, outre le Lutétia et les procès, mes responsabilités dans diverses œuvres de mémoire, et de nombreux articles dont je revendique l'insistance. Ainsi doivent se comprendre mes relations avec Ida depuis 1988, et la tâche qui s'achève ici. Pour une fois, l'agencement des mots, qui fut mon métier et ma passion, servira peut-être à autre chose qu'à me faire plaisir (ce qui, entendons-nous, n'est pas rien).

Je tiens à rappeler, pour finir, les souvenirs d'Ida qui m'ont le plus bouleversé et qui justifient, selon moi, que son témoignage résiste au temps : le sauvetage d'une brebis blessée grâce à un goût obstiné de la vie qui allait la sauver elle-même ; son choix (car elle avait le choix) de se livrer pour éviter la prise en otage du mari d'Alice ; Antigone tenant tête à l'infâme et infime officier français étonnamment absous ; la part faite, dans sa survie, à la chance et à l'amitié, si manifeste au washroom, lors du partage de la minuscule couverture, et de la reptation sur les dalles de l'hôpital allemand pour prévenir sa chère Claudine d'un proche départ vers la France. Sans oublier la chanson de Marcelle au doigt coupé, ni les lapements de bonheur de la chienne Gardienne, plus humaine qu'un escadron de gendarmes.

Il aura manqué dans ces lignes le sourire de douleur consolée dont Ida accompagnait certaines évocations : la crânerie d'adolescente du « J'ai pas pleuré », les compliments de Mme Picard ; la compassion de Wanda, qualité que les camps paraissaient avoir rayée des facultés humaines. Il faudrait dire encore les bougies de la fidélité déposées, à chaque visite, dans les éboulis des crématoires ; les mots « camarades », « copines », ou « filles », répétés avec la gratitude tendre de l'éternelle

« petite Ida », dont un des talents fut de se faire aimer, et pas seulement de sa chienne.

Il reste à remercier l'adolescente n° 75360 pour l'honneur, le privilège et l'enrichissement que ce fut de reconstituer avec elle son passé, durant six mois qui n'ont pas fini de compter pour moi.

Bertrand

Il faudra leur dire

Il y a longtemps que je souhaitais écrire ce livre. Je jugeais nécessaire de raconter tout ce que j'avais vu et vécu moi-même.

Ma fille m'encourageait sans cesse, mais je remettais à plus tard. Je prévoyais qu'il serait douloureux de revivre certains souvenirs que j'avais enfouis. Quand je témoigne devant des élèves, je ne raconte pas tout.

En avril 2001, quand Wanda s'est éteinte sans que j'aie eu le temps de la serrer dans mes bras et de lui dire le merci que je gardais au fond de mon cœur depuis cinquante-six ans – le mot merci est faible, mais je n'en ai pas d'autre –, j'ai estimé qu'il était temps de me décider à écrire. Par chance, Bertrand, qui avait été présent lors du premier voyage à Auschwitz et qui avait suivi la fin de Wanda, a spontanément offert de m'aider. Je lui suis reconnaissante d'avoir compris mes intentions et partagé mes émotions. C'est grâce à lui que ce livre a pu voir le jour.

En me relisant, je ne suis pas certaine d'avoir assez insisté sur la déshumanisation des camps. N'être qu'un numéro, ne rien posséder de personnel qu'une gamelle et une cuillère, avoir constamment faim, toujours froid durant les longs hivers, être épuisée, battue et craindre le pire à chaque instant... Les Juives n'avaient pas le droit de recevoir du courrier, ni des colis, bien entendu. Nous étions coupées du monde civilisé.

Comment on résiste à tout cela ? Je n'ai pas de réponse, sinon qu'il a fallu une somme incroyable de hasards, de chances. La nature humaine a des ressources stupéfiantes. Ce qui n'a pas empêché que, sur soixante-seize mille Juifs de France, trois pour cent seulement soient revenus !

Nous qui sommes rentrés, nous sommes des témoins-acteurs. C'est pour les quatre-vingt-dix-sept pour cent d'assassinés que nous racontons inlassablement. L'oubli serait aussi intolérable que les faits eux-mêmes.

Après la guerre, nous avons cru que le nazisme et ses méthodes étaient anéantis à jamais. Quand nous avons appris, plus tard, les massacres au Cambodge et au Rwanda, nous avons dû admettre que la leçon d'Auschwitz n'avait pas été tirée. La Shoah restait une tragédie spécifique, avec sa destruction programmée, scientifique, industrielle, d'un peuple, mais il arrivait encore qu'on meure pour rien.

En 1948, la création de l'État d'Israël a été vécue par les anciens déportés comme un réconfort inégalable ; certains s'étaient déjà battus sur place pour l'indépendance. Enfin, les Juifs disposaient d'une terre pour y vivre libres, sans être persécutés, en paix avec leurs voisins. L'espoir renaissait. Devant cet événement, j'ai beaucoup pensé à mon père, qui en rêvait et à qui les nazis n'ont pas permis de le vivre. La réalisation de cet État a été difficile ; elle l'est encore...

Si nous rencontrons des élèves, ce n'est pas pour qu'ils s'apitoient, mais pour qu'ils sachent ce que des hommes ont été capables de faire à d'autres hommes, uniquement parce qu'ils étaient nés. Comment un tel endoctrinement et une telle propagande ont-ils pu se développer dans un des peuples les plus civilisés d'Europe et le conduire à de tels crimes de masse ? Il fallait d'abord avoir traité en sous-hommes les Juifs, ainsi que les Tziganes et les Slaves. Un plan existait pour agrandir Auschwitz et y enfermer d'autres déportés. Sans la victoire alliée de l'Ouest et de l'Est, personne n'aurait survécu...

Quand on pense qu'un million et demi d'enfants ont été supprimés ! Quelle perte pour l'humanité ! Que seraient-ils devenus ?

Dès le retour, les camarades qui se sont mariés ont voulu avoir très vite des enfants. Ils y voyaient une victoire, une revanche sur le passé.

En plus des Juifs eux-mêmes, c'est leur culture qu'on a assassinée. Combien d'écrivains et de poètes de langue yiddish ont disparu ! Combien reste-t-il de gens pour parler encore cette langue si riche et qui avait traversé les siècles ?

Nos témoignages s'adressent surtout aux jeunes, qui sont plus demandeurs que leurs parents. Il a fallu près de quarante ans pour que la Shoah soit enseignée, qu'elle ait sa place dans les manuels. L'Association des professeurs d'histoire et de géographie a obtenu que la Seconde Guerre mondiale soit étudiée en début d'année et non à la fin, où elle était généralement écourtée, bâclée. L'avenir dépendra de l'information donnée sur le passé. Nous avons la chance de vivre en république, en démocratie ; les jeunes doivent être préparés à préserver ces libertés des tentations totalitaires. Car si les hommes sont différents, ils sont totalement égaux devant la loi. Ils ont les mêmes droits, et leur différence est un enrichissement pour chacun d'entre nous.

À propos des tentations totalitaires, je ne connais pas de plus belle mise en garde que celle du pasteur Martin Niemöller, en 1945 :

« Lorsque les nazis vinrent chercher les communistes, je me suis tu : je n'étais pas communiste. Lorsqu'ils ont enfermé les sociaux-démocrates, je me suis tu : je n'étais pas social-démocrate. Lorsqu'ils sont venus chercher les Juifs, je me suis tu :

je n'étais pas juif. Quand ils sont venus chercher les catholiques, je me suis tu : je n'étais pas catholique. Et quand ils sont venus me chercher, il n'y avait plus personne pour protester. »

Je n'oublie pas que j'ai reçu une mission sacrée. Je revois les femmes qui me l'ont confiée, en partant pour le Revier, antichambre de la mort :

« Si vous rentrez, il faudra leur dire. Ils ne vous croiront pas, mais il faudra *leur* dire. »

Leur, c'est vous. Aujourd'hui. Demain.

Une histoire dans l'Histoire

Tous les destins individuels s'inscrivent dans un destin collectif. Les dates de chacun de nous croisent les dates de tout le monde.

Voici, en deux colonnes face à face, les repères biographiques d'Ida et ceux de son époque.

IDA	NOUS AUTRES
1929	
19 nov. Naissance à Paris.	Gouvernement Tardieu. – Invasion de la Mandchourie par les Soviétiques. Pacte de non-agression franco-soviétique. – Les Alliés évacuent la Rhénanie. – Naissance de Grace Kelly.
1939	
Septembre. Premier séjour à Melle (Deux-Sèvres).	Mobilisation générale. Déclation de guerre à l'Allemagne. Les Allemands devant Varsovie. Accord avec l'URSS pour le partage de la Pologne. – Mort de Freud.

1940

Juin. Deuxième séjour à Melle.	14, les Allemands occupent Paris. – 18, appel de De Gaulle. – 22, armistice franco-allemand.

1944

30 janvier. Arrestation.	Discours de De Gaulle à Brazzaville. – L'Armée rouge délivre Leningrad. – Bombardement massif de Berlin. – Les Américains marchent sur Rome. – Exécution de Ciano, gendre de Mussolini. – Mort de Giraudoux.
10 février. Départ de Drancy pour Auschwitz.	Extension du STO. – Premier parachutage d'armes aux Glières. – Exécution des 23 FTP du groupe Manouchian.
24 juin. Évasion de Mala. 22 août. Mort de Mala	Débarquement en Normandie. – Massacre d'Oradour. – Combats du Vercors. – Les Français à l'île d'Elbe. – Assassinats de Marc Bloch et Jean Zay.
7 octobre. Révolte du Sonderkommando.	Pétain et Laval à Sigmaringen. – Fin de l'insurrection de Varsovie. – Les Allemands abandonnent Le Pirée. – Les Alliés à Aix-la-Chapelle. – Tito, chef du gouvernement yougoslave. – Mort du sculpteur Maillol. – Naissance de Coluche.

1945

7 janvier. Pendaison des quatre révoltées de l'usine.	Création de l'ONU. – Offensives soviétique et alliée. l'usine.
18 janvier. Marche de la mort.	Armée rouge à Varsovie. – Brasillach condamné à mort.
25 janvier. Ravensbrück.	Retraite allemande sur tous les fronts. – Maurras condamné à la perpétuité. – 27 : libération d'Auschwitz par les Russes.
14 février. Neustadt. Revier jusqu'au 3 mai.	Conférence de Yalta. – Berlin et Dresde bombardés.
3 mai. Visite de soldats US et libération par les Russes.	Berlin capitule. Gouvernement Dölnitz. – Leclerc à Berchtesgaden. – Capitulation de l'Allemagne.
30 mai. Rapatriement à l'hôpital Broussais.	Fin du IIIe Reich. Suicide de Hitler. Mort de Goebbels, Himmler.
Juillet, jusqu'à septembre 1946 : convalescence en Suisse.	Procès Pétain. – Churchill battu aux élections. – Conférence de Potsdam. – Bombe atomique sur Hiroshima. – Capitulation du Japon. – Procès de Nuremberg. Démission de De Gaulle.

Postface de l'éditeur

Le récit d'Ida Grinspan commence le 31 janvier 1944 et se termine en 1945 à son retour en France. La troisième partie : « Et après » se passe, elle, de nos jours. Retour sur ces années noires.

Au début de 1944 la guerre prend un nouveau tournant : le débarquement (en septembre 1943) des Alliés en Italie, la demande d'armistice des Italiens, l'entrée à Rome (juin 1944) ; tout est prêt pour un débarquement en France, qui aura lieu le 6 juin en Normandie. Certes le complot des généraux allemands contre Hitler a échoué, le 20 juillet 1944. Mais les Américains ont reconquis le Pacifique et libèrent Paris le 25 août. En décembre de cette même année 1944, l'ultime offensive allemande échoue dans les Ardennes.

Dès mars 1945, les Alliés franchissent le Rhin. Ils sont à Berlin en avril, Hitler se suicide le 30. Le 8 mai l'Allemagne capitule, suivie le 4 août du Japon.

La mise en place de l'holocauste

À l'origine, l'holocauste était un rite religieux hébraïque pratiqué dans une cérémonie de sacrifice où une victime était entièrement immolée par le feu. Dans son usage moderne et courant, le terme est appliqué aujourd'hui à tout massacre humain de grande envergure. Lorsqu'il est écrit avec une majuscule, il fait plus particulièrement référence à l'extermination systématique des Juifs européens perpétrée par les nazis, que les Juifs désignent également par le terme « Shoah ».

L'Holocauste a été préparé par les lois de Nuremberg. Cette législation « antijuive », proclamée le 15 septembre 1935 à l'issue du congrès du Parti national-socialiste allemand, réuni précisement à Nuremberg (Allemagne), était destinée à séparer « biologiquement » les Juifs de la nation allemande. De nouvelles lois ont été votées : celles sur « La citoyenneté du Reich » enlevèrent aux Juifs la citoyenneté allemande et la totalité de leurs droits civiques ; celle « pour la protection du sang et de l'honneur allemand » interdirent les mariages entre Juifs et Aryens (les unions déjà contractées devant être dissoutes). Toute relation sexuelle entre Allemands et Juifs était punie de lourde peine d'emprisonnement. Enfin, les Juifs n'avaient plus le droit d'embaucher du personnel domestique allemand de sexe féminin de moins de quarante-cinq ans.

En janvier 1939, Hitler considérait déjà comme probable « l'extermination de la race juive en Europe » si une guerre devait intervenir. Après la défaite et l'occupation de la Pologne, les Juifs polonais ont été enfermés dans des ghettos où ils furent astreints au travail forcé.

En 1940, après la défaite française, les nazis envisagèrent un moment la possibilité de transférer les Juifs d'Europe à Madagascar, en Autriche, en Tchécoslovaquie et en Pologne. Entre le printemps et l'automne 1941, les chefs nazis prirent des mesures pour mettre en œuvre l'extermination systématique des Juifs :

– Création de forces mobiles spéciales (SS) organisées en groupes d'intervention *(Einsatzgruppen)* chargés de fusiller sur place, en même temps que les cadres et les membres du parti communiste, tous les

Juifs, hommes, femmes, et enfants, au fur et à mesure de l'avance allemande en territoire soviétique.

– Extension du génocide à l'ensemble du continent européen : construction de camps d'extermination équipés de camions à gaz et de chambres à gaz utilisant le monoxyde de carbone ou le Zyklon B (acide prussique), ainsi que de fours crématoires.

Enfin, le 20 janvier 1942, les modalités du génocide furent définitivement arrêtées à la conférence de Wannsee (faubourg de Berlin), sous la présidence de Heydrich secondé par Eichmann. Heydrich, le chef des services de sécurité allemands, exposa pour la première fois les modalités de la « solution finale de la question juive » *(Endlosung der Judenfrage)*. Cette expression énigmatique désignait le projet d'exterminer tous les Européens israélites ou considérés comme tels par les nazis.

Au printemps 1942, fut lancée l'opération « Reinhard » qui concernait la liquidation des Juifs de Pologne. Le processus d'extermination s'intensifiait. De toute l'Europe occupée partaient des convois à destination des camps d'extermination, dont celui d'Auschwitz-Birkenau.

Ces camps de concentration étaient, en fait, des zones retranchées où étaient enfermés des ressortissants de pays ennemis, des individus appartenant à des minorités ethniques ou encore des prisonniers politiques et de droit commun. À la différence de la détention en prison où l'enfermement avait lieu après un jugement, hommes, femmes et enfants étaient détenus dans un camp de concentration pour une période indéterminée, sans avoir été jugés selon un procès légal ; les autorités du camp y exercent un pouvoir arbitraire et illimité. Les installations les plus courantes étaient des baraquements ou des tentes, entourés de clôtures barbelées et de miradors. Les camps de concentration étaient parfois baptisés « camps de rééducation », « camps de travail », « centres de reconversion » ou encore « centres de réception » par les régimes totalitaires qui les avaient mis en place.

En 1942, en quelques mois, les nazis constituèrent un vaste réseau destiné à drainer leurs futures victimes vers le « triangle de la mort ». Des camps de transit disséminés dans toute l'Europe occupée étaient reliés par voie ferrée à ces camps situés en Pologne méridionale, dans un triangle constitué par Treblinka, Chelmno, Sobibor, Belzec et surtout Auschwitz, où les déportés étaient systématiquement exterminés.

LECTURES COMPLÉMENTAIRES

Difficile de donner ne serait-ce qu'un aperçu de l'immense littérature engendrée par le sujet. Nous avons simplement sélectionné quelques lectures suggestives.

1. Rudolf URBA, *Je me suis évadé d'Auschwitz*, Presses Pocket, n° 3187, 1989.

Juif slovaque, Rudolf Urba a dix-huit ans lorsqu'il arrive en 1942 à Auschwitz, il mettra deux ans à s'évader.

2. Deux romans pour la jeunesse :

Uri ORLEV, *Cours sans te retourner*, Castor poche, n° 914, 2003.

Srulik a huit ans en 1941. Juif polonais il vit dans le ghetto de Varsovie, d'où il va pouvoir fuir.

Jacqueline MIRANDE, *Sarah*, *ibid.*, n° 913, 2003.

Sarah a quinze ans, elle vit à Bordeaux pendant la guerre alors que son père est à Londres auprès du général de Gaulle. Elle doit fuir la Gestapo.

3. Un livre d'histoire :

Stéphane BRUCHFELD/Paul A. LEVINE, *Dites-le à vos enfants*, Pocket, n° 1187, 2002.

Une histoire de la Shoah en Europe, accessible à tous.

4. Une étude :

Sem DRESDEN, *Extermination et littérature. Une histoire de la Shoah*, Nathan, 1977.

Table

Ouvrage composé par
PCA - 44400 Rezé

Cet ouvrage a été imprimé
en France par

BRODARD & TAUPIN

La Flèche (Sarthe), le 10-04-2015
N° d'impression : 3010586

Dépôt légal : octobre 2003
Suite du premier tirage : avril 2015

MIXTE
Papier issu de
sources responsables
FSC® C003309

Pocket Jeunesse, une marque d'Univers Poche,
est un éditeur qui s'engage pour
la préservation de son environnement
et qui utilise du papier fabriqué à partir
de bois provenant de forêts gérées
de manière responsable.

www.pocketjeunesse.fr
POCKET JEUNESSE

12, avenue d'Italie – 75627 PARIS Cedex 13